*Georg von Schimpff*

# Die ersten kursächsischen Leibwachen zu Roß und zu Fuß und ihre Geschichte

*Georg von Schimpff*

**Die ersten kursächsischen Leibwachen zu Roß und zu Fuß und ihre Geschichte**

*ISBN/EAN: 9783955641313*

*Auflage: 1*

*Erscheinungsjahr: 2013*

*Erscheinungsort: Bremen, Deutschland*

*@ EHV-History in Access Verlag GmbH, Fahrenheitstr. 1, 28359 Bremen. Alle Rechte beim Verlag und bei den jeweiligen Lizenzgebern.*

# Die erſten kurſächſiſchen Leibwachen

## zu Roß und zu Fuß

## und ihre Geſchichte.

Aus dem Nachlaß

des

**Oberhofmeiſters Auguſt von Minckwitz**

herausgegeben durch

# Georg von Schimpff

Oberſt z. D.

Dresden

Wilhelm Baenſch, K. S. Hofverlagsbuchhandlung

1894.

Im Königlichen Schlosse zu Dresden hat jetzt das Garde-reiter-Regiment die Ehre die Herrenwache, die Infanterie der Garnison die Schloßwache zu besetzen. In alten Zeiten waren für den militärischen Dienst in der Umgebung der Fürsten besondere Abtheilungen, die Haustruppen, bestimmt. Dem Nachlasse des fleißigsten und gründlichsten Erforschers alter sächsischer Truppengeschichte sind die folgenden Aufzeichnungen entnommen, welche Art und Dienst dieser Leibwachen von Alters her bis zu Anfang des Jahrhunderts schildern. Die Darstellungen enthalten zahlreiche Bilder aus dem Leben des sächsischen Hofes und Heeres, weshalb wohl kein Freund vaterländischer Geschichte das kleine Werk unbefriedigt aus der Hand legen wird.

# Inhaltsverzeichniß.

### A. Leibwachen zu Roß.

|     |                                      | Seite |
|-----|--------------------------------------|-------|
| I.  | Das reisige Hofgesinde               | 3     |
| II. | Die Hoffahne                         | 14    |
| III.| Die Leib-Kompagnie der Einspännigen  | 18    |
| IV. | Die teutsche Leib-Garde zu Roß       | 24    |
| V.  | Die Trabanten-Leibgarde zu Roß       | 37    |
| VI. | Garde du Corps                       | 48    |

### B. Leibwachen zu Fuß.

| I.  | Die Trabanten-Leibgarde zu Fuß | 71 |
|-----|--------------------------------|-----|
| II. | Die Schweizer Leib-Garde       | 98 |

# A.

# Die Leibwachen zu Roß.

## I. Das reisige Hofgesinde.

Die Leibwache des Kurfürsten von Sachsen bildete im Mittelalter das reisige Hofgesinde. Eine Leibwache im heutigen Sinne des Wortes, ein geschlossener Truppenkörper, war das reisige Hofgesinde nicht, es bestand aus den zahlreichen Kriegsmännern aus dem Stande der Fürsten, Grafen, Herren und Edelleute, welche die Umgebung des Kurfürsten bildeten, nebst einer kleinen Schaar von einspännigen Knechten, das heißt von Reitern, welche nur mit einem Pferde dienten.

Die Fürsten, welche unter dem reisigen Hofgesinde vorkommen, waren meist junge Herren, welche ihre ritterliche Ausbildung am Hofe zu Dresden empfingen[1]). Die Grafen und Herren entstammten vorzugsweise dem inländischen hohen Adel: den Grafen Schwarzburg, Mansfeld, Barby, Solms, den Reußen Herren von Plauen, den Herren von Schönburg und den Schenken Herren von Tautenburg. Doch finden sich unter denselben auch die Namen fremder Grafen und Herren, wie die der Waldeck, Oldenburg, Hohenlohe, Scheftenberg, Wartenberg und andere mehr.

Den eigentlichen Kern des reisigen Hofgesindes bildeten jedoch Mitglieder der meißnischen, sächsischen und thüringschen Vasallengeschlechter, welchen auch die unter dem reisigen Hofgesinde mit aufgeführten kurfürstlichen Räthe fast ohne Ausnahme angehörten.

Das reisige Hofgesinde begleitete den Kurfürsten auf seinen Kriegszügen, Reisen und Jagden, nahm Theil an den Tänzen,

---

[1]) Im Jahre 1558 findet sich unter dem reisigen Hofgesinde aufgeführt: Herzog Magnus, königlicher Würden in Dänemark Sohn. Er erhielt die Kost zu Hofe, sowie die Kleidung für sich, seinen Hofmeister, seine beiden Junker, seine beiden Edelknaben, seinen Sattelknecht, Barbier und Schneider, sowie Hafer auf zehn Pferde. Besoldet wurden Hofmeister und Diener vom König von Dänemark.

Turnieren und anderen ritterlichen Uebungen und wartete auf bei den am Hofe veranstalteten Festlichkeiten.

Den Oberbefehl über das reisige Hofgesinde führte der Hofmarschall.

Ging der Kurfürst ins Feld, so ritt derjenige Theil des Hofgesindes, welcher nicht auf den Leib des Kurfürsten wartete, unter der Rennfahne, mit welcher der Marschall jederzeit einen Tagesmarsch vorauseilte, um den Platz für das Lager zu wählen, für die Verpflegung Sorge zu tragen und im übrigen alles für das Eintreffen des Herrn vorzubereiten. Ebenso hatte im wesentlichen Hoflager das reisige Hofgesinde des Marschalls Befehl und Anordnung zu gewarten.

Was die Anzahl des am Hofe unterhaltenen reisigen Gesindes betrifft, so ist darüber aus der älteren Zeit keine sichere Nachricht vorhanden und mag dieselbe, je nach den Zeiten und Verhältnissen, eine sehr verschiedene gewesen sein.

Als im Jahre 1553 Kurfürst August zur Regierung gelangte, wurde vorgeschlagen die Stärke des reisigen Hofgesindes in folgender Weise festzusetzen:

    6 Kammerjunker, jeder mit 4 Pferden,
   12 Junker, jeder mit 2 Pferden,
    1 Einspänniger Hauptmann mit 40 einspännigen Knechten.

Hierüber seien zu bestallen:

    4 Rittmeister, jeder mit 15 Fünf-Rössern[2]) unter seinem Befehl.

Diese vier Rittmeister mit 60 Fünf-Rössern sollten jedoch von Haus aus dienen (d. h. sie dienten von ihren Häusern aus) und nur auf Erfordern zur Dienstleistung am Hofe, im Felde und zu Verschickungen sich einstellen.

Es ist jedoch nicht dazu gekommen, den Etat des reisigen Hofgesindes in dieser Weise festzustellen. So findet sich am 4. Oktober 1553, laut eines dem Hofmarschall Heinrich von Schönberg übergebenen Verzeichnisses, die Stärke des reisigen Hofgesindes in folgender Weise beziffert[3]):

    9 Pferde die Trompeter und der Heerpauker,
    6  „   der Marschall,

---

[2]) Junker, welche mit fünf Rossen dienten.
[3]) An des Kurfürsten eigenen Pferden wurden 1553 im kurfürstlichen Stall unterhalten: 24 Hengste, 19 türkische, spanische und wälsche Rosse, 13 Jagd- und

## I. Das reisige Hofgesinde.

         8 Pferde Herzog Wolf von Braunschweig,
         8    „    Herzog Wilhelm von Lüneburg[4]),
         8    „    Graf Hans Hoyer von Mansfeld,
         8    „    Graf Hans Ernst von Mansfeld,
         8    „    der Graf von Schwarzburg,
         8    „    der Graf von Reinstein,
       10    „    Graf Friedrich Magnus Solms,
         8    „    Graf Albrecht zu Barby,
         2    „    Graf Burkhard zu Barby,
       10    „    Christoph von Ragewitz,
       10    „    Siegmund von Miltitz,
ferner:
       45 Vier-Rösser,
         7 Drei-Rösser,
       15 Zwei-Rösser,
         1 Fourier (2 Pferde),
         5 reitende Boten (jeder mit 1 Pferd),
           Summa: 308 Pferde.

Hierzu waren noch zu rechnen:

59 Pferde der Räthe „in Sr. kurf. Gnaden Regierung, die an dem Hoflager bleiben und nit allezeit gerüstet reiten", doch in voller Besoldung (für ihre Pferde) stehen.

Der Einspännigen geschieht in diesem Verzeichnisse nicht Erwähnung.

In den hierauf folgenden Jahren blieb, inhalts der Hofverzeichnisse, die Zusammensetzung des reisigen Hofgesindes wesentlich die nämliche, und nur die Anzahl der am Hofe unterhaltenen Reisigen zeigt sich bald ansehnlich vermindert, bald wieder vermehrt, auch fand hinsichtlich der Art und Weise des Unterhaltes des reisigen Gesindes ein mehrfacher Wechsel statt.

In vergangenen Zeiten hatte das reisige Hofgesinde keine oder doch nur eine sehr geringe Besoldung in baarem Gelde, dagegen

---

Reise-Klepper, die warten alle auf Sr. kurf. Gn. Leib und Ihre Buben, 12 ungarische Kutschenpferde, 6 dänische Pferde, 5 Pferde der erwachsenen Buben, so auf meines gnädigen Herrn Leib und Rüstung warten, 17 Renn-Gäule, 9 Maulesel, 6 Pferde meiner gn. Frauen Wagenpferde, 106 Pferde für den Silberwagen, Kanzlei-Wagen, Küchen- und Keller-Wagen 2c.

[4]) Herzog Wilhelm von Lüneburg befindet sich nach 1558 unter dem reisigen Hofgesinde aufgeführt. Er erhielt damals 685 Gulden Dienstgeld und Pferdesold Hafer auf 6 Pferde, die Kost und Kleidung für sich selbst und 5 Diener.

Futter, Mahl und Kleidung vom Hofe empfangen. Kurfürst Moritz ließ wegen seiner vielen Kriegszüge, welche eine Lieferung in Naturalien erschwerten, an Stelle derselben eine Besoldung auf die Pferde in Geld treten. Im Jahre 1555 stellte zwar Kurfürst August die alte Einrichtung der Lieferung von Futter, Mahl und Kleidung wieder her, jedoch bereits unter dem 1. Januar 1563 führte er die Besoldung in Geld von neuem ein.

Auch in anderer Beziehung war dieser 1. Januar 1563 von wesentlichem Einfluß auf die Einrichtung des Hofwesens. Durch eine von gedachtem Tage datirte Verordnung wurde das Hofmarschallamt in ein Marschallamt auf Reisen und in Jagdlagern und in ein Marschallamt im wesentlichen Hoflager geschieden, außerdem aber über das reisige Hofgesinde in der Person Heinrichs von Schönberg ein besonderer Befehlshaber ernannt.

Seine Bestallung besagt im wesentlichen Folgendes:

„Von Gottes Gnaden Wir Augustus, Herzog zu Sachsen, Kurfürst 2c. bekennen und thun kund:

Nachdem Wir erheblicher Ursachen halber an Unserem Hofe des Speisens, Futters und Mahls halber Aenderung gemacht und Unsere Junker, Einspännige und andere Diener dermaßen bestellt, daß sie auf ihren Leib, ihre Pferde und Knechte, anstatt der vorigen Lieferung Monatssold haben sollen[5]), und die Nothdurft erfordert, daß über dieselben ein besonderer Befehlshaber geordnet werde, daß Wir demnach Unseren lieben getreuen Heinrichen von Schönberg auf der Glaußnitz vor Unseren Obersten Kämmerling und Rittmeister solcher Soldreuter bestallt und aufgenommen haben, bestallen ihn auch hiermit dazu, nämlich also:

Daß sich die Soldreuter gehorsamlich gegen ihn bezeigen, sich seines Schaffens Gebotes und Verbotes halten sollen.

Er soll Achtung darauf haben, daß kein Soldreuter einem fremden ausländischen Herren mit Diensten behaftet sei.

Wann fremde Fürsten zum Besuche anwesend sein werden, so soll er mit den Junkern, so unter seinem Befehl sind, die Dienstwartung bestellen und sich selbst dieselbe Zeit für einen Marschall gebrauchen lassen.

---

[5]) Der Monatsold richtete sich nach der Anzahl der Pferde, auf die ein jeder bestallt war, und betrug auf jedes Pferd jährlich 150 Gulden. Hierüber wurde je nach der Stellung, Erfahrung, Geschicklichkeit und sonstigen Gelegenheit des Betreffenden ein Dienst- oder Vortheilgeld gewährt.

Wenn die Monatbesoldung in der Kammer gereicht wird, soll er gegenwärtig sein.

Er soll darob sein, daß die Junker und Einspännigen mit guten und tüchtigen Pferden und Knechten versehen sind, auch daß der Junker und der Knechte Kleidung überein gemacht sei, nach dem Muster, wie bisher am kurfürstlichen Hofe gebräuchlich gewesen.

Wenn einem Soldreuter ein Gaul umfiele oder verdürbe, so soll sich derselbe innerhalb 14 Tagen wieder beritten machen.

Alle zwei Monate einmal sollen die Soldreuter gemustert werden.

Ferner soll er darob sein, daß sowohl die Soldreuter und ihre Knechte, als die Einspännigen, Harnisch und Schützen=Geräthe mit Pickelhauben führen, wie es sich gebührt, doch können die Junker innerhalb Landes wenn der Kurfürst es verstatte, damit verschont werden, das Geräthe zu führen.

Kein Junker noch Knecht noch andere Soldreuter soll unerlaubt seiner verreiten.

Bei Leibesstrafe soll er verbieten, daß jemand in den kurfürstlichen Aemtern das Fischen und Waidewerk zu üben sich unterstehe.

Im Felde habe ein jeder in seinem Gliede und in seiner Ordnung zu bleiben und soll der Rittmeister niemand verstatten, vom Haufen voran zu ziehen noch nachzuhudeln.

Wenn der Kurfürst außer Landes reise, auf den Fall wollte der Kurfürst Seinen Soldreutern Futter, Mahl und Auslösung reichen, wie bisher gebräuchlich gewesen, und ihnen dagegen den Monatsold, so lange die Reise währt, innen behalten.

Auf Reisen im Lande solle den Soldreutern der Hafer gegen ortsgültige Bezahlung aus den Aemtern geliefert werden.

Der Rittmeister und Ober=Kämmerling soll auf niemandes, denn auf des Kurfürsten Befehl zu gehorsamen schuldig sein und wenn er Bescheids bedürftig, solchen bei dem Kurfürsten erholen und an niemand anders als an den Kurfürsten gewiesen sein.

Der Rittmeister und Ober=Kämmerling soll auch den Junkern, so unter seinem Befehl sind, auflegen, daß sie jeden Morgen um 8 Uhr gegen Hof sich einstellen und in dem Gemach, so man ihnen anzeigen wird, bis zur Mahlzeit verziehen, damit sie in der Nähe anzutreffen. Ebenso sollen die Junker täglich sich um 3 Uhr einstellen und bis zur Abendmahlzeit aufwarten.

Unter den Junkern soll der Rittmeister und Ober=Kämmerling

keinen Haber und Unwillen dulden; da sich aber Irrungen und Zwiespalt zutrügen, so soll er die Schuldigen in Bestrickung nehmen und sich bei dem Kurfürsten Bescheides erholen."

Als Besoldung erhielt Heinrich von Schönberg 600 Gulden Monatsold auf fünf Pferde und 400 Gulden Vortheilgeld.

Bereits nach drei Jahren legte der Ober-Kämmerling und Rittmeister Heinrich von Schönberg sein Amt nieder; es wurde die Vertheilung der Obliegenheiten des Hofmarschalls zwischen einem Marschall im wesentlichen Hoflager zu Dresden und einem Marschall für die Reisen und Jagdlager wieder aufgehoben, und der neuernannte Hofmarschall Benno Pflugk vereinigte mit der alleinigen Leitung des Hofmarschallamtes auch die Funktion als Befehlshaber über das reisige Hofgesinde.

Die später noch unter der Regierung des Kurfürsten August und zwar zur Zeit der Verwaltung des Marschallamtes durch Abraham Bock und Hans Georg von Krosigk angestellten „Hofrittmeister" Hans Philipp von Berlepsch und Christoph Stammer nahmen dem Hofmarschall gegenüber nicht eine so vollkommen unabhängige Stellung ein, wie der Ober-Kämmerling und Rittmeister Heinrich von Schönberg, wenn auch im wesentlichen ihre Obliegenheiten die nämlichen blieben.

Unterdessen hatte im weiteren Verlaufe der Regierungszeit des Kurfürsten August, einer Zeit, welche durch vielfach auf einander folgende Versuche und Umgestaltungen aus den locker gefügten mittelalterlichen Verhältnissen zu einer fester gebildeten Organisation im Staatsleben wie im Hofhalte hinüberführte, auch die Gliederung des kurfürstlichen Hofgesindes sich schärfer ausgeprägt. Abgesehen davon, daß die Kammer- und Hofräthe nicht mehr im Verzeichniß der Reisigen erscheinen, lassen sich in den späteren Jahren der Regierung des Kurfürsten August hinsichtlich der ihnen auferlegten Dienstverpflichtungen unterscheiden: die Grafen und Herren, sowie die Vier- und Fünf-Rösser als Soldreuter im engeren Sinne des Wortes, sodann die Kammerjunker, die Truchsesse und die einspännigen Knechte.

In der Soldreuter, einschließlich der Grafen und Herren, Bestallung ist nur gesagt: daß sich dieselben am Hofe wesentlich enthalten und jederzeit gefaßt sein sollen mit ihren Pferden und Knechten zur Aufwartung am Hofe, auf Reisen, zu Felde, sowie in allen Sachen, so der Ehrbarkeit und Billigkeit gemäß, sich gebrauchen zu lassen.

Die Kammerjunker oder Kämmerlinge waren auf die Kammer und den Leib des Kurfürsten beschieden und hatten dem Kurfürsten auf Reisen, beim Jagen und Pirschenreiten mit ihren Pferden zu folgen und was ihnen vertraut werde, bis ins Grab verschwiegen bei sich zu behalten. Für ihre Person genossen die Kammerjunker die Kost zu Hofe, auch ritten sie, weil sie bei der hohen Person des Kurfürsten blieben, nicht unter der Hoffahne, sondern stellten nur ihre Knechte dahin.

Den Truchsessen lag es ob, für die kurfürstliche Tafel das Essen und Trinken zu tragen, vor der Tafel aufzuwarten und sonst der Dienstwartung halber des Hofmarschalls Bescheid zu gewarten.

Die einspännigen Knechte endlich hatten mit einem wohlgerüsteten Pferde dienstgewärtig zu sein, am Hofe sich wesentlich zu enthalten und bei den Reisen und Jagden auf des Kurfürsten Leib treulich zu warten. „Und da Wir einem Einspännigen auferlegen lassen, an andere Orte zu verreiten oder Unseren Feinden und Widerwärtigen nachzutrachten und die niederzuwerfen", demselben soll er jederzeit gehorsam sein. Eine nicht in der Bestallung enthaltene Verfügung verlangte von den Einspännigen, daß sie wegekundig und mit flüchtigen Pferden beritten seien.

Die zufällig erhaltene Aufzeichnung über die Eintheilung der Nachtwache, als Kurfürst August im September 1584 bei Klotzsche ein längeres Jagdlager hielt, bietet ein Beispiel der Dienstverrichtung des reisigen Hofgesindes[6]).

Nach Anordnung des Hofmarschalls wachten nämlich in der ersten Nacht: Stallmeister Balzer Wurmb mit Seiner Kurf. Gn. eignen Pferden und Knechten; in der zweiten Nacht: Christoph von Landskron, der Einspännigen Hauptmann, mit dem halben Theil der Einspännigen und seinen eigenen Knechten; in der dritten Nacht: Albrecht von Loeben, Lieutenant der einspännigen Knechte, mit seinen Knechten und der anderen Hälfte der Einspännigen; in der vierten Nacht: der Hofmarschall Dietrich Marschall von Herrn-Gosserstädt mit seinem Sohne, seinen Knechten und den reitenden Trompetern; in der fünften Nacht: Christoph Stammer und Christoph Balzer von Beschwitz mit ihren und Veit Röders Knechten; in der sechsten Nacht: Wolf Ernst von Wolfframsdorff mit seinen

---

[6]) Im wesentlichen Hoflager versahen die Wache im Schlosse zu Dresden die Trabanten zu Fuß.

und des Hofmeisters (der Kurfürstin) Siegfried von Lüttichau Knechten; in der siebenten Nacht: Christoph Heinrich von Feilitzsch mit seinen und Hans Georg Wehsens Knechten; in der achten Nacht: Tham Löser mit seinen und Georg Lösers Knechten; in der neunten Nacht: Richard von Belau, Wolf Theler, Reinhardt von Boyneburg, Joachim von Biesenbrow und Werner von Lützelburg mit ihren Knechten. Am zehnten Tage zog dann der Kurfürst nach Dresden zurück.

Bei einer ähnlichen Gelegenheit, als der Kurfürst auf der Hirschfeist mehrere Tage in Sebnitz blieb, wurde die Wache zu Roß folgendermaßen gestellt. Zu Sr. Kurf. Gn. Ankunft haben 7 Einspännige die Wache versehen. Folgends bezogen täglich die Wache 7 Einspännige nebst 7 der Kammerjunker Knechten und wurden dieselben jedesmal Abends 6 Uhr aufgeführt. Hierüber hatte der Rath zu Pirna 60 guter Büchsenschützen nach Sebnitz geschickt, von denen alle Nacht 30 Mann die Wache neben den Trabanten an den Schlägen versahen.

Zur Zeit des Kurfürsten Christian I. trug die Einrichtung des reisigen Hofgesindes noch das nämliche Gepräge, wie zu den Zeiten seines Vaters, des Kurfürsten August, nur war die Hofstatt noch zahlreicher und glänzender. Neben dem häufig schon als Ober-Hofmarschall bezeichneten Hofmarschall erscheinen ein Oberschenk und ein Ober-Küchenmeister, welche ebenfalls gerüstet reiten. Unter den Grafen und Herren werden, nächst den Angehörigen der dem Hause Sachsen mit Lehenpflicht verwandten Geschlechter, namentlich Mitglieder des böhmischen hohen Adels benannt, aus den Familien Lobkowitz, Hardeck, Adersbach-Berka, der Krsinetzki Herren von Ronow, der Schlick Grafen von Bassano und der Sezina Herren von Ausch. Auch ein Lichtenstein und ein Burggraf von Dohna dienten dem Kurfürsten Christian.

Im Jahre 1588 ordnete Kurfürst Christian eine allgemeine Musterung an, sowohl des reisigen Hofgesindes, als der gesammten Pferde der Ritterschaft[7] und der wehrhaften Mannschaft in den Städten. Die Musterung des reisigen Gesindes fand zu Dresden am 18. März hinter dem Schlosse statt. Im Anzuge bildete die Vorwart der Reiter-Hauptmann Job von Milkau mit den 44 Einspännigen, den 8 Leibknechten, 6 Wagenknechten, 2 Fouriere und dem Futtermarschall. Darauf folgten 3 Trompeter und auf diese

---

[7] Es wurden 6735 Pferde gefunden.

## I. Das reisige Hofgesinde.

"die Grafen, Herren und Junker, so wesentlich an Sr. Kurf. Gnaden Hof seind", geführt von dem Hofmarschall Wolf von Schönberg[8]) zu Pulsnitz und dem Hofrittmeister Albrecht von Miltitz zu Munzig. Ihnen zunächst zogen die Grafen, die Herren und die Hofoffiziere[9]), jeder von einem Spießjungen begleitet; dann die Kammerjunker[10]), zum Theil ebenfalls mit ihren Spießjungen, die Soldreiter[11]), die Truchseße[12]) und die kurfürstlichen Amtshauptleute, soweit dieselben nicht selbst zu Musterherren verordnet waren. Ihnen folgten dann ferner: die Junker des Grafen Sebastian Schlick und des Herrn

---

[8]) Hans Wolf von Schönberg zu Pulsnitz, Hofmarschall und Kriegs-Obrist, der Bruder des Marschalls von Frankreich, Caspar von Schönberg, war der Stifter der Lausitzer Linie des von Schönberg'schen Geschlechts.

[9]) Graf Sebastian Schlick, Herr Heinrich Krsinetki, Hans Georg von Ponickau, Herr Joachim Abersbach-Berka, Herr Georg Schenk, Herr Christoph von Hassenstein, Herr Victorin Rosinetky, der Oberschenk Christoph vom Loß zu Pillnitz, der Ober-Küchenmeister Hans von Wolffersdorff, der Hofmeister der Kurfürstin Christoph Marschall von Herrn-Gosserstädt, Otto von Dieskau, der Jägermeister Paul Gröbel, der Hofschenk Hans von Miltitz, der Fürstl. Teschensche Hofmeister Titz von Starschedel, Werner Vitzthum von Apolda, so uf die kalte Küche wartet. Der Mundschenk des Kurfürsten Hans Christoph von Ragewitz und der Mundschenk der Kurfürstin Caspar von Haugwitz ritten unter den Kammerjunkern. Der Ober-Stallmeister, der Unter-Stallmeister und der gesammte reisige Marstall waren bei der Musterung nicht betheiligt, ebensowenig die Jägerei mit Ausnahme des erwähnten Jägermeisters.

[10]) Stellanus von Holtzendorff, Hans von Osterhausen, Heinrich von Schönberg, Georg von Knobelsdorff, Hans Georg Wehse, Wolf Ernst von Wolfframsdorff, Vespasian von Reinsperg, Christoph von Landskron, Heinrich von Hagen, Georg von Wallenfels, Eustachius Hacke, Heinrich von Nizschwitz, Hans von Arnswald, Rudolph von Gersdorff, Joachim von Biesenbrow, Hans Christoph von Ragewitz, Caspar von Haugwitz, Georg Bindeuff, Thil von Osterhausen, Heinrich von Winterfeld, Dietrich von Miltitz.

[11]) Hillebrand Winkler, Gebhard Dreßkau, Christoph von Schönberg, Wolf von Schönberg, Günther von Bünau, Christoph von Wallenfels, Friedrich Wilhelm von Miltau, Wenzel Röpler, Fritz Polenz, Werner von Lützelburg, Asmus Bock.

[12]) Georg Krähe, Dietrich Rabiel, Reichard von Belau, Bastian Kalkreuter, Wolf von Belau, August von Carlowitz, Wolf von Carlowitz, Ernst von Miltitz, Christian von Miltitz, Heinrich von Bünau zu Tetschen, Haubold Schleinitz, Wolf Lindenau, Fritz Starschedel, Balzer Starschedel, Albert von Wolfen, Caspar Pflugk, Seyfried von Bernstein, Abraham Popschitz, Andreas Wilhelm Gebhardt, Asmus von Knobelsdorff, Hans von Schönbeck, Caspar von Lipsdorf, Wolf von Breitenbauch, Georg Preuß, Georg von Landskron, Willewaldt Goldacker, Friedrich Pudewels, Siegmund Wallrodt, Hans von Brandenstein, Ludolf von Alvensleben, Wolf Widemann, Barthel Götz, Friedrich Fritzsche.

Heinrich Krsinetzki, der Junker Knechte, so ihre Rüstungen angelegt hatten, die Jungen mit den Troßkleppern und zum Schluß der Grafen, Herren und Junker Kutschenpferde.

Als Musterherren waren verordnet: der Hofmarschall von Schönberg, der Kammerrath und Hauptmann zu Grimma Hans Georg von Ponickau, der Hauptmann zu Hohnstein Hans Jenitz. Es wurden im ganzen von denselben gemustert 563 gerüstete Pferde, 36 Troßklepper und 100 Kutschenklepper.

Als Kurfürst Christian im Juli 1589 mit zahlreichem Gefolge nach Berlin zog, waren die 54 Pferde der Einspännigen sowie die Leibknechte auf dem Wege dahin in vier Etappen vertheilt und es begleiteten den Kurfürsten, die dritte Rotte Einspänniger von Dresden bis Elsterwerda, die zweite Rotte Einspänniger von Elsterwerda bis Lebus, die kurfürstlichen Leibknechte von Lebus bis Mittenwalde und die erste Rotte der Einspännigen mit dem Hauptmann Job von Milkau von Mittenwalde bis Berlin. Ebenso wurde es im Rückzuge gehalten.

Kurfürst Christian errichtete im Jahre 1590 im Januar aus jungen Edelleuten die Leib=Garde der Karabiners oder Edlen Pursch. Sie bestand unter dem Befehle Hansens von Osterhausen aus vier Rotten, jede Rotte zu einem Rottmeister und zwölf Edlen Pursch[13]). Allein der Bestand dieser Leib=Garde war ein sehr kurzer, denn

---

[13]) Die Bestallung sämmtlicher Ein=Rösser von Abel datirt vom 2. Januar 1590. Der Hauptmann über die Edlen Pursch, Unter=Stallmeister Hans von Osterhausen, hatte 6 reisige und 4 Kutschenpferde und 500 G. auf seinen Leib. Der Lieutenant über die Edlen Pursch, Georg von Carlowitz, 5 reisige und 2 Kutschpferde, 200 G. Vortelgeld. Ferner: 4 Rottmeister, jeder mit 2 Pferden und 50 G., 36 Carabiner, jeder mit 1 Pferd und 50 G. Erste Rotte: Georg Christoph von Nessa Rottmeister, Gabriel von Schleinitz, Christoph von Kreuscha, Jobst von Haugwitz, Ernst von Miltitz, Georg von Schellendorff, Heinrich von Krakau, Jahn von Haugwitz, Wolf Abraham von Ponickau, Georg von Kleist. Andere Rotte: Hans Caspar von Kospoth Rottmeister, Caspar von Nizschwitz, Hans von Kitzscher, Caspar von Porsdorf, Hans Barthel von Gorbitz, Jobst Heinrich von Schweichel, Friedrich von Schönberg, Josua von Nessau, Siegmund von Gortzke, Hans Quirin von Hain. Dritte Rotte: Antonius von Pritzke Rottmeister, Abraham von Carlowitz, Wolf Heinrich von Günterode, Heinrich von Trandorf, Moritz Bastian von Zehmen, Polycarp von Arras, Rudolf Linke, Wolf Christoph Edler von der Planitz, Ernst Bock, Haubald Pflugk. Vierte Rotte: Philipp Wilhelm Ruder Rottmeister, Friedrich von Schönberg d. ä., Dietrich Schartt, Hans von Zschieren, Hans Joachim von Arras, Karl von Priesen, Wolff von Wolffersdorff, Caspar von Günterode, Reinhard von Tamsdorff, Hans Caspar von Günterode, Fourier Caspar Kuchler.

bereits im November 1591, nach des Kurfürsten Christian I. frühem Ableben, erfolgte deren Wiederauflösung [14]).

Für die Geschichte des reisigen Hofgesindes bildet der Zeitpunkt dieses Regierungswechsels einen wichtigen Abschnitt, indem durch den Administrator Herzog Friedrich Wilhelm zu Sachsen als Vormund des jungen Kurfürsten das gesammte reisige Hofgesinde entlassen wurde. Damit aber neigte sich überhaupt die zeitherige, noch durchaus im Herkommen des Mittelalters wurzelnde Einrichtung des reisigen Hofgesindes dem völligen Abschlusse zu, denn in gleicher Weise und, was namentlich die große Anzahl der am Hof unterhaltenen Grafen, Herren und Soldreiter betrifft, in gleicher Ausdehnung wurde dasselbe nicht wieder aufgerichtet [15]).

Auf den jungen Kurfürsten und seinen Bruder warteten nur der Hof- und Stallmeister Nickel von Miltitz auf Siebeneichen, an dessen Stelle später Hans Georg von Ponickau zu Pomsen trat, nebst sechs oder acht Junkern, unter denen sich ein Graf und ein Herr befanden: Graf Joachim Andreas Schlick [16]) und Herr Burkard Schenk Freiherr zu Tautenburg, welch' letzterem die spezielle Leitung der Erziehung anvertraut gewesen zu sein scheint.

Nach der im Jahre 1601 erfolgten Uebernahme der Regierung durch Kurfürst Christian II. erscheinen dann anfangs wohl in den Hofstaatsverzeichnissen unter dem Kapitel des reisigen Hofgesindes aufs neue einige Sechs-Rösser und Fünf-Rösser, bald aber beschränkt sich die Abtheilung des reisigen Hofgesindes am Hofe des Kurfürsten Christian II., wie an dem seines Nachfolgers, des Kurfürsten Johann Georg I., auf die Hofoffiziere, die Kammerjunker, die Truchsesse und eine geringe Anzahl von einspännigen Knechten.

---

[14]) Jeder Rottmeister erhielt zum Abzuge 35 G., jeder adlige Pursch 25 G. Herr von Osterhausen blieb bis zu weiterer Vergleichung und erhielt eine Kette für 200 G. mit dem Contrefect. Georg von Carlowitz wurde entlassen und erhielt die Abfertigung wie ein Kammerjunker, d. h. eine Kette für 150 G. mit dem Contrefect.

[15]) Auch die sämmtlichen Hofoffiziere wurden entlassen und die Führung der Hofwirthschaft übernahm der Witthumsmarschall der Kurfürstin-Mutter, Christoph vom Loß zu Pillnitz, später ersetzt durch Wolf Ernst von Wolfframsdorff.

[16]) Jedenfalls ist dies derselbe Joachim Andreas Graf Schlick, welcher nach der Schlacht am weißen Berge 1621 in Prag enthauptet wurde.

## II. Die Hoffahne.

Mit dem Ausbruch des dreißigjährigen Krieges traten zwar für das Kriegswesen vollständig neue Verhältnisse ins Leben, zunächst verblieb jedoch dem als Hoffahne bezeichneten reisigen Hofgesinde seine Bestimmung, dem Kurfürsten als Leibwache zu dienen, und als Kurfürst Johann Georg I. den Auftrag des Kaisers übernommen hatte, die Oberlausitz zum Gehorsam zurückzuführen, erfolgte nächst der Anwerbung einer Anzahl von Regimentern zu Roß und zu Fuß [17]) auch eine ansehnliche Verstärkung des reisigen Hofgesindes, an Hofjunkern sowohl als namentlich an einspännigen Knechten.

Zum Befehlshaber über die Hoffahne wurde in der Person Kraffts von Bodenhausen aufs Neue ein Hofrittmeister angestellt, dessen Bestallung vom 30. August 1620 datirt. Am 25. August 1620 fand bei Dresden die Musterung der Hoffahne statt.

Laut der Musterrolle war dieselbe in folgender Weise zusammengesetzt:

| | |
|---|---|
| Sr. Kurf. Gn. eigene Pferde, einschließlich des Hrn. Stallmeisters | 32 Pf. |
| Obrist-Lieutenant Bernhard von Starschedel als Hofmarschall | 7 " |
| Rittmeister Krafft von Bodenhausen | 10 " |
| Lieutenant Wolf Marschall | 7 " |
| Cornet Heinrich Schenk | 7 " |
| Fahnenjunker Friedrich von Lüttichau | 4 " |
| 40 Edelleute [18]) | 142 " |
| 2 Fouriere | 4 " |
| 1 Proviantmeister | 3 " |
| 1 Profos | 2 " |
| 17 Trompeter und 1 Kesselpauker | 18 " |
| 1 Wagenmeister | 2 " |
| 1 Musterschreiber | 2 " |
| Sa.: | 240 Pf. |

---

[17]) Es wurden aufgestellt: 1200 Pferde. 7000 Mann zu Fuß, 1600 Ritterpferde, 9464 Mann beim Defensionswerk zu Fuß.

[18]) Hennig von Ziegesar, George Pflugk, Bernhard von Kanna, Ludewig Lauin Hain, Christian von Osterhausen, Ludewig von Taube, Christof von Schleinitz, Heinrich von Taube, Reinhardt von Taube, Joachimb von Schleinitz, Christov von Liebenaw, Herr Zdenke Siegmund von Wallenstein, Hans Wilh. Römer, Hans von Schönbergk, Jobst von Wüstenhoff, Ullrich von Grünrodt, Korporal, Hans Albrecht von Bernstein, Hartwig Christoph Kürkölzky, Korporal, Andres von Schönbergk, Friedrich Herrmann von Ruckrodt, Philipp von Röbern, Heinrich

## II. Die Hoffahne.

Ferner die kurfürstlichen Einspännigen:

| | |
|---|---|
| Simon Göderitz, Lieutenant | 4 Pf. |
| 38 Einspännige | 38 „ |
| Sa.: | 42 Pf. |

Ferner die reitenden Jäger:

| | |
|---|---|
| Georg Ernst von Weißenbach, Lieutenant | 3 Pf. |
| 1 Trompeter | 1 „ |
| 2 Korporale | 4 „ |
| Hans Georg von Carlowitz | 4 „ |
| Jobst Christoph Römer | 4 „ |
| 1 Fourier. | |
| 37 reitende Jäger, mit 1 bis 3 Pferden bestallt. | |
| 1 Schmied. | |
| 1 Regimentsdiener. | |
| Sa.: | 67 Pf. |

Die vorerwähnten, zur Hoffahne gehörigen 40 Edelleute waren zum Theil die kurfürstlichen Kammerjunker (jeder mit vier bis fünf Pferden), zum Theil Truchsesse (jeder mit zwei bis drei Pferden), zum Theil zu der Hoffahne besonders angeworbene und meist auf zwei Pferde bestallte Junker. Die Kammerjunker und Truchsesse erhielten vom Tage der Musterung an die Besoldung auf ihre Pferde nicht mehr aus der kurfürstlichen Kammer, sondern von der Hoffahne, während sie ihre persönliche Besoldung (das Vortheilgeld) aus der Kammer fortbezogen. Der reitenden Jäger, welche dem Personal des Forst- und Jagdwesens angehörten, geschieht in den vorhandenen Nachrichten seit der Musterung nicht wieder Erwähnung.

Was die Einspännigen betrifft, so besagte die Bestallung des einspännigen Lieutenants Simon Göderitz im Wesentlichen folgendes. Er soll über die einspännigen Reuter das Kommando führen und selbst mit vier wohlgerüsteten Pferden und tüchtigen Knechten, welche jederzeit, gleich bei den anderen Einspännigen, mit reiten und aufwarten, dienstgewärtig sein. Er soll sich am Hofe, auf den Reisen, in Jagd- und anderen Lagern, wo jederzeit der Kurfürst sich befindet, wesentlich enthalten und ohne des Kurfürsten oder des

---

Otto von Starschedel, Georg Christoph von Kalbe, Korporal, Georg Ernst von Kalbe, Wolf Dieterich von Araß, Georg Wilhelm von Bernßdorf, Adam von Rodewitz, Christof von der Lauke, Hans Bastian von Schleinitz, Christoph Heinrich von Millaw, Jobst Heinrich von Mitschellfahll, Wolf Otto von Lindenaw, Heinrich Sittich von Westerhagen, Melchior von Hagen, Thobias Mitschellfall, Johann Persjohnn, Siegmund Hübener, Hans Wilhelm Kestener, Walthauser Blennagel, Balzer Kautzdorf.

Hofmarschalls Vorwissen nicht verreiten. Wenn der Kurfürst reist oder jagt, so soll er auf Ihn fleißig und treulich warten und wenn ihm der Kurfürst durch den Hofmarschall anbefehlen läßt, an andere Orte zu verreiten oder „unsern Feinden nachzutrachten und die nieder zu werfen", so soll er dem jederzeit gehorsamen, auch sich sonsten des Hofmarschalls Befehl gehorsamlich verhalten und sich der Hofordnung gemäß bezeigen.

Die Estandarte der Hoffahne war von rothem Taffet, reich mit Gold und Silber besetzt. Auf der einen Seite befanden sich die Kurschwerter kreuzweis übereinandergeschränkt mit der Umschrift: Uterque tempore pacis et belli. (Sowohl in Kriegs- als in Friedenszeiten.) Auf der anderen Seite zeigte sich der Kurhut und über demselben die Inschrift: A Deo, sowie unter demselben die Inschrift: Pro imperio.

Der Kurfürst brach am 28. August 1620 mit der Hoffahne von Dresden gegen Bautzen auf und musterte dieselbe in eigener Person am 16. September bei Bischofswerda.

Nach der Einnahme von Bautzen, am 5. Oktober 1620, kehrte der Kurfürst nach Dresden zurück. Am 3. Juli 1621 folgte die Hoffahne dem Kurfürsten nach Kamenz zum Landtage, den 28. Juli nach Görlitz, den 4. August nach Zittau, den 6. August nach Löbau und den 7. August nach Bautzen, ebenso zog die Hoffahne zur Begleitung des Kurfürsten am 3. November 1621 nach Breslau, wo derselbe im Namen des Kaisers die Huldigung der schlesischen Stände entgegennahm, und 1622 im Mai nach Langensalza zur Vereinigung mit den daselbst versammelten kurfürstlich sächsischen Truppen.

Den Befehl über die Hoffahne hatte unterdessen an Stelle Kraffts von Bodenhausen, welcher 1621 am 19. November zum Obristen über ein Regiment von 1000 Arquebusierreitern bestallt worden war[19]), Wolf Marschall von Herrn-Gosserstädt als Hofrittmeister übernommen.

Der Kurfürst ließ im September und Oktober 1622 einen großen Theil der Truppen abdanken. Im folgenden Jahre erfolgten zwar neue Werbungen, jedoch nur für kurze Zeit, denn in den Jahren 1624, 1625 wurden aufs neue alle Truppen entlassen, bis auf die Fußtrabanten (Ober-Guardia), die Besatzung von Dresden

---

[19]) Das Regiment wurde 1622 abgedankt, worauf Krafft von Bodenhausen ein Regiment Ritterpferde als Obrist erhielt. Er wurde 1624 Amtshauptmann zu Torgau und Liebenwerda und starb am 29. Dezember 1626.

## II. Die Hoffahne.

(Unter-Guardia) und die Hausartillerie. Auch die Hoffahne theilte das Schicksal der übrigen Truppen, indem am 6. Mai 1624 die zur Hoffahne angeworbenen Junker, sowie die Einspännigen, welche im Verlaufe der Jahre sich auf 140—150 Pferde verstärkt hatten, ihre Entlassung erhielten.

Kurz vor Abdankung der Hoffahne, im Februar 1624, kam der Kurfürst von Brandenburg nach Dresden. Kurfürst Johann Georg ritt ihm eine Strecke Weges entgegen, die Zugordnung war dabei folgende:

„Im Vorzuge sind gewesen: Rittmeister von Kalkstein mit seiner geworbenen Kompagnie von 150 Pferden; 3 Trompeter; der Lieutenant Simon Göderitz mit den Arquebusierern der kurf. Leib-Guardia zu Roß von Einspännigen, 142 Pferde stark, allezeit 5 im Gliede; 3 Rüstknechte, 12 Handrosse, 3 Leibknechte.

Darauf folgten: der Heerpauker, 12 Trompeter, 8 Lakaien; der Kurfürst von Sachsen; 7 Glieder vornehmer Offiziere, Kammerjunker und anderer Junker; 2 Glieder Kammerjungen; 6 Glieder der Offizierer und Junkergesindchen; 3 kurfürstliche Kammerdiener.

Im Nachzuge sind gewesen: 10 Trompeter; der Hofrittmeister Wolf Marschall; die Hoffahne, 188 Pferde stark, allezeit 5 im Gliede; der Feldprediger und der Hofprofos; Rittmeister Friedrich Wambold von Umbstadt mit seiner geworbenen Kompagnie von 123 Pferden."

Wolf Marschall wurde laut einer neuen Bestallung vom 24. Mai 1624 „über die bisher gerichtete Hoffahne" wieder zum Hofrittmeister in Jahresbesoldung aufgenommen, erhielt jedoch statt dessen am 17. September 1628 die Ernennung als Hauptmann der Aemter Salza, Weißensee und Sachsenburg und am 27. April 1632 zugleich Bestallung als Obrist-Lieutenant bei des Obristen Cäsar Pflugk Regiment Ritterpferden.

Die Hoffahne selbst ist seit der Abdankung am 6. Mai 1624 nicht wieder aufgerichtet worden.

## III. Die Leib-Kompagnie der Einspännigen.

An Stelle der Hoffahne beschloß der Kurfürst eine Kompagnie Einspänniger als Leib-Garde zu Roß zu unterhalten. Der bisherige Lieutenant der Einspännigen, Simon Göderitz, genannt der tolle Simon, wurde beauftragt, diese Kompagnie aus den von der Hoffahne entlassenen Einspännigen zu formiren.

Im Verfolg dessen ließ Simon Göderitz dem Kurfürsten etliche Erinnerungspunkte überreichen. Diese Erinnerungspunkte selbst haben sich nicht aufgefunden, allein aus der Resolution des Kurfürsten läßt sich ihr Inhalt ersehen. Die Resolution besagt nämlich:

„Jeder Reuter solle auf das Pferd 150 G. erhalten, ein Corporal 300 G. auf 2 Pferde und 30 G. Vortheilgeld.

Wenn einem oder dem anderen wegen geschwinden Fortreitens ein Gaul umfiele, solle ihm, nach Umständen, zur Wiederanschaffung eine Beisteuer gereicht werden.

Den Einspännigen solle der Scheffel Hafer in der Festung Dresden um den halben Marktpreis, Heu und Stroh für jedes Pferd täglich um 2 Groschen, auf den Reisen der Scheffel Hafer um 12 G., Heu und Stroh um 1 G. Auslösegeld gelassen werden.

Für die Losamenter sollen die ledigen Einspännigen jährlich einen Monatsold zu geben schuldig sein und die Verheiratheten sich mit ihren Wirthen vergleichen.

Der Tisch solle ihnen sowohl in Dresden als auf Reisen monatlich um 1 Gulden gereicht werden."

Hiernächst erhielt Simon Göderitz unter dem 14. Mai 1624 Befehl, über diejenigen Einspännigen, welche sich ferner unterhalten lassen wollten, eine richtige Rolle zu verfertigen und dann folgenden Morgens 9 Uhr mit den Einspännigen nach den Trachenbergen hinaus zu reiten, auch die Rolle hierbei zu überantworten.

Die neu angeworbenen Einspännigen, einschließlich der Knechte des Lieutenants und der anderen Offiziere, leisteten am 1. Juni 1624 dem Hofmarschall Bernhard von Starschedel[20] den Eid und be-

---

[20] Bernhard von Starschedel, zugleich Kriegsobrister, war Hofmarschall von 1623 bis 1635.

## III. Die Leib-Kompagnie der Einspännigen.

stand nunmehr die Leib-Kompagnie der Einspännigen, oder, wie dieselbe bei dieser Gelegenheit benannt wird, die Kurfürstliche Leib-Guarde zu Roß, aus:

| | | |
|---|---|---|
| dem Lieutenant Simon Göderitz mit | 6 | Pferden |
| dem Kaltküchenmeister . . . . „ | 2 | „ |
| 1 Fourier . . . . . . . „ | 2 | „ |
| 3 Corporalen . . . . . „ je | 2 | „ |
| 1 Trompeter . . . . . . „ | 1 | „ |
| 1 Schmied . . . . . . „ | 1 | „ |
| 42 Einspännige . . . . . „ je | 1 | „ |
| | 60 | Pferden. |

Die Leib-Kompagnie der Einspännigen, welche ein Cornet von gelb und blau[21] führte, war an die Befehle des Hofmarschalls verwiesen, und gelegentlich hatte der Kurfürst selbst geäußert: er betrachte die Einspännigen mehr als Hofdiener, denn als Soldaten[22]. In der That befand sich die Kompagnie jederzeit am Hoflager und, wenn der Kurfürst reiste oder im Lande jagte, vollständig oder doch zum Theil in seiner Begleitung. Selbst als der Kurfürst 1625 zur Kur ins Wiesenbad ging, gehörten sämmtliche Einspännige zu der den Kurfürsten begleitenden Hofstatt. Bei der Einholung fremder Fürsten und dergleichen Gelegenheiten pflegten die Einspännigen sich an der Spitze des Zuges zu befinden.

Im Jahre 1627 erhielt an Stelle des Lieutenant Simon Göderitz der bisherige Korporal Hans Rau als Lieutenant den Befehl über die Leib-Kompagnie der Einspännigen, und als im Jahre 1631 der Kurfürst aufs neue Kriegsvölker werben ließ, wurde Hans Rau zum Rittmeister ernannt mit dem Befehle, den Bestand der Kompagnie auf 125 Mann zu bringen. In dieser Stärke erschien in der Musterung bei Mühlberg am 6. Mai 1631 die als Leib-Guardia zu Roß bezeichnete Kompagnie von Arquebusier-Reitern[23]. Als kurz darauf Rittmeister Rau erkrankt und zu Torgau verstorben war, erhielt unter dem 16. Juli 1631 das Kommando über die Leib-Kompagnie der Rittmeister Georg Christoph

---

[21] In der Regel sollte bei allen Truppentheilen die Farbe von Rock und Aufschlägen übereinstimmen mit der Farbe der Standarte oder Fahne, allein es herrschte hierin viel Willkür.

[22] Die Aeußerung geschah aus Anlaß einer Beschwerde über das allzu scharfe Kommando der Offiziere.

[23] Die Arquebusiere bildeten im Zeitalter des dreißigjährigen Krieges die leichte Reiterei.

Marschall von Herrn-Gosserstädt[24]). Seiner Bestallung zufolge hatte er sich wesentlich am Hofe aufzuhalten, es sei im gewöhnlichen Hoflager oder auf Reisen, und täglich bei Hofe aufzuwarten. Ferner sollte er getreulich ins Werk richten: „was Wir ihm befehlen werden und was nach Uns Unser Hofmarschall oder im Felde Unser über die Arthillerie und Unser sämmtliche Leib-Guardia zu Roß bestallter Obrist-Lieutenant, Ober-Stallmeister Dietrich Taube ihm befehlen wird."

Die hier außer der Leib-Kompagnie der Einspännigen erwähnte Leib-Guardia zu Roß bestand aus 5 Kompagnien Arquebusier-Reitern, welche den Stamm zu dem bald darauf formirten kurfürstlichen Leib-Regiment zu Roß bildeten.

In Verbindung mit diesen Arquebusier-Kompagnien focht die Leib-Kompagnie der Einspännigen unter dem Befehle des Ober-Stallmeisters Dietrich Taube in der für die Sachsen unglücklichen Schlacht bei Breitenfeld am 7. September 1631. Bei Tillys zunächst gegen den von den Sachsen gebildeten linken Flügel gerichtetem Angriffe geriethen die sächsischen Regimenter in Unordnung, und nächst der Leib-Kompagnie der Einspännigen hielten Stand nur die Taubeschen Kompagnien und das Arnimsche Regiment. Ober-Stallmeister Taube selbst wurde verwundet und Rittmeister Georg Christoph Marschall vor der Front der Leib-Kompagnie durch eine Kanonenkugel getödtet[25]).

An Stelle des Rittmeisters Marschall erhielt hierauf das Kommando der Leib-Kompagnie der bisherige Lieutenant Georg Herfurth als Rittmeister.

Im Anfange des Jahres 1635 brachte der Rittmeister Hans Georg von Loeben eine Kompagnie von 110 Pferden auf, welche mit den Einspännigen marschirte und die andere Leib-Kompagnie genannt wurde. Im Jahre 1639 zog jedoch der Hofmarschall Obrist Dietrich Taube diese Kompagnie, welche seit 1637 an Loebens Stelle der Rittmeister Philipp Junghanns führte, zu dem unter seinem Befehle stehenden Leib-Regiment zu Roß.

---

[24]) Rittmeister Marschall erhielt monatlich 10 Thaler auf jedes seiner sechs Pferde und 170 Groschen Vortheilgeld.

[25]) Georg Christoph Marschalls Beisetzung erfolgte zu Leipzig in der Pflugkschen Kapelle der St. Pauli-Kirche. Die angebrachte Inschrift besagt, daß Georg Christoph Marschall, Rittmeister über die Leib-Kompagnie, in der großen Schlacht bei Leipzig vor seiner Kompagnie aus einem Stück getroffen worden und also ritterlich für das Vaterland gestorben sei. Stepner Inscriptiones Lipsienses Nr. 335.

## III. Die Leib-Kompagnie der Einspännigen.

Bei der Sonderstellung, welche die Leib-Kompagnie der Einspännigen den übrigen Truppen gegenüber einnahm, ist es nicht zu verwundern, daß in den Annalen des dreißigjährigen Krieges der Thaten der Leib-Kompagnie selten Erwähnung geschieht. In einem Brief des Obrist-Lieutenant Caspar Ernst von Eichendorff aus Zatzschnau an den kaiserlichen General-Wachtmeister Grafen Peter Götzen vom 15. (25.) März 1637 findet sich jedoch erwähnt, daß der Obrist-Lieutenant von Rochow „nebst Sr. churf. Durchlaucht Leib-Kompagnie und etlichen Dragonern" den Obrist-Lieutenant Stubart in Neustadt überfiel und das ganze Regiment ruinirte, so daß nur der Obrist-Lieutenant mit 30 Pferden davon kam, während die Uebrigen niedergehauen oder gefangen wurden. Ferner meldet Weck in seiner Chronik von Dresden, daß am 14. Juni 1643 schwedische Truppen bis vor das Wilsdruffer Thor streiften, denen sich die kurfürstlichen Einspännigen „präsentirten". Auch wurden vom Kreuzthurme einige Stücken gegen die Schweden gelöst, worauf sich dieselben wieder zurückzogen.

Das Kommando der einspännigen Leib-Kompagnie erhielt am 24. Juni 1644 an Stelle des Rittmeisters Herfurth der bisherige Lieutenant der Kompagnie, Hans Craushaar, unter Bestallung zum Capitain-Lieutenant, und gleichzeitig wurde die Leib-Kompagnie dem unter Kommando des Obrist-Wachtmeisters Rudolph von Neitzschitz neu errichteten Leib-Eskadron zu Roß zugetheilt.

Zu diesem Leib-Eskadron gehörten außer der Leib-Kompagnie der Einspännigen die Kompagnien der Rittmeister Ludolph, Bretwitz, Landmann und Rennebeck.

Wegen der letztgedachten vier Kompagnien war Obrist-Wachtmeister von Neitzschitz direkt an die Befehle des Kurfürsten gewiesen. Dagegen sollte er wegen der Leib-Kompagnie Einspänniger, da dieselbe der Hofaufwartung halber vom Hofmarschalle dependire, sein Absehen nach dem Kurfürsten auf den Hofmarschall haben und bei der Kompagnie alles mit dessen Vorwissen richten und schlichten.

Die Verbindung der Leib-Kompagnie der Einspännigen mit dem Leib-Eskadron währte jedoch nur wenige Jahre, denn 1648 im Februar, nach dem Tode des Rittmeisters Landmann, erhielt Rudolph von Neitzschitz unter gleichzeitiger Ernennung zum Obrist-Lieutenant dessen Kompagnie als eigene Leib-Kompagnie und wurde dagegen die Leib-Kompagnie der Einspännigen wieder vom Leib-

Eskadron[26]) abgetrennt. Die Leib-Kompagnie der Einspännigen

---

[26]) Was die ferneren Schicksale des Leib-Eskadrons betrifft, so erfolgte im Herbst des Jahres 1650 dessen Reduktion bis auf eine Kompagnie, welche zu einer neu gebildeten Leib-Guardia zu Roß kam, und da bei Formirung dieser Leib-Guardia die Leib-Regimenter zu Roß betheiligt waren, sei an dieser Stelle ein kurzer Rückblick auf die Geschichte der beiden Leib-Regimenter zu Roß geworfen.

Im Verlaufe des Jahres 1631 brachte der Ober-Stallmeister und Obrist-Lieutenant über die Artillerie, Dietrich Taube, ein Leib-Regiment zu Roß auf, und zwar zunächst, sogleich bei Beginn der Werbung, fünf Kompagnien als Leib-Guardia zu Roß, später jedoch, noch im Herbste desselben Jahres, anderweite fünf Kompagnien Arquebusier-Reiter. Diese zehn Kompagnien bezeichnete man nunmehr als Leib-Regiment zu Roß, und Dietrich Taube, welcher unterdessen die Bestallung als Obrist-Lieutenant bei der Artillerie niedergelegt hatte, wurde zum Obristen über dasselbe ernannt. Die Standarte des Regiments war schwarz mit Silber. Dietrich Taube warb im Herbste 1633 ein zweites Leib-Regiment zu Roß und zu derselben Zeit erhielt er auch das Leib-Regiment zu Fuß als Obrist anvertraut. Das zweite Leib-Regiment zu Roß kommandirte unter ihm sein Bruder Claus Taube, und in den Kriegs-Annalen jener Zeit wird es meist als das Jung-Taubesche Regiment bezeichnet. Die Standarte war gelb und blau. Das Kommando über diese Regimenter behielt Dietrich Taube bei, trotz der hohen Aemter und Würden, zu denen er auch anderweit gelangte, denn zur Zeit seines Ablebens war er Hofmarschall (er hatte unter Resignation des zuvor bekleideten Ober-Stallmeisteramtes das Hofmarschallamt 1636 an Stelle Bernhards von Starschedel übernommen; ihm folgte als Hofmarschall sein Vetter Heinrich Taube auf Püchau-Röthnitz, zugleich Ober-Kämmerer), Landvogt in der Oberlausitz, General-Wachtmeister über die Kavallerie und Obrist über die Leib-Regimenter zu Roß und zu Fuß. Auch hatte der Kaiser ihn in den Freiherrnstand erhoben.

Nach des Freiherrn Dietrich Taube Ableben im Januar 1639 blieb der Befehl über die Leib-Regimenter nicht in einer Hand vereinigt, sondern es erhielten das Kommando über die Regimenter die bisher bei denselben angestellt gewesenen Obrist-Lieutenants unter Ernennung zu Obristen, und es befehligten daher nunmehr: das erste Leib-Regiment zu Roß Obrist Curt Reinicke Freiherr von Callenberg (später Ober-Hofmarschall und Landvogt in der Oberlausitz) und nach ihm 1645 Obrist-Lieutenant Georg Wilhelm von Milkau, das zweite Leib-Regiment zu Roß Obrist Johann Friedrich Knoch und nach ihm 1643 Obrist Hans Abraham von Gersdorff.

Als nach Beendigung des dreißigjährigen Krieges die Truppen fast sämmtlich entlassen, die Leib-Regimenter und der Leib-Eskadron reduzirt wurden, blieb von jedem der beiden Leib-Regimenter zu Roß und ebenso vom Leib-Eskadron je nur eine Kompagnie stehen, und aus diesen drei Kompagnien, zu denen noch zwei Dragoner-Kompagnien stießen, ließ der Kurfürst unter dem Obristen Hans Abraham von Gersdorff eine neue Leib-Guardia zu Roß folgendermaßen formiren: eine Kompagnie vom reduzirten zweiten Leib-Regiment zu Roß, Obrist von Gersdorff; eine Kompagnie vom reduzirten Leib-Eskadron, Obrist-Lieutenant von Neitzschitz; eine Kompagnie vom reduzirten ersten Leib-Regiment zu Roß, Obrist-Wachtmeister von der Planitz; eine Kompagnie Dragoner, Hauptmann Georg Götz; eine Kom-

## III. Die Leib-Kompagnie der Einspännigen.

gehörte keinem militärischen Verbande mehr an, sondern dependirte ausschließlich nur vom Hofmarschall.

Dieses Verhältniß währte bis zum Ableben des Kurfürsten Johann Georg I. Kurz nach dem Regierungswechsel beschloß sein Nachfolger, Kurfürst Johann Georg II., die Leib-Kompagnie der Einspännigen abzudanken.

Auf kurfürstliche Verordnung beschieden in Folge dessen am 12. Februar 1657 der Geheime und Kammerrath Siegmund Siegfried von Lüttichau und der Kammerrath Johann Adolph von Haugwitz die Offiziere und Unteroffiziere der Einspännigen Leib-Kompagnie vor sich in die Geheime Kriegskanzlei, und that ihnen der Kammerrath von Haugwitz den Vortrag: der Kurfürst erinnere sich ihrer geleisteten Dienste und vermerke dieselben in Gnaden; nachdem aber kurfürstliche Durchlaucht mit dero Hofstatt in Aenderung begriffen, so wären dieselben gemeint, sie gnädigst zu entlassen; die Kompagnie solle sich dahero an Ort und Stelle, die man ihr bezeichnen werde, einstellen und der Abdankung gewarten.

Der Capitain-Lieutenant war krank, der Lieutenant nicht erschienen, und der das Wort führende Cornet, der Sohn des Capitain-Lieutenants Craushaar, erklärte nach langen Verhandlungen über die Berichtigung der bedeutenden Soldrückstände, sie wären zu wenige, sich zu widersetzen, begehrten dasselbe auch nicht zu thun und würden durch den Hofmarschall Taube beim Kurfürsten ihre Noth klagen lassen.

Einen Aufschub der Abdankung erreichten sie jedoch durch die angebrachte Klage nicht, denn bereits am 14. Februar 1657 wurde die Leib-Kompagnie der Einspännigen in der kurfürstlichen Reitbahn vom General-Wachtmeister von Hanau und dem Kammerrath von Haugwitz ihrer Dienste entlassen und vollständig aufgelöst.

---

pagnie Dragoner, Hauptmann Johann Heinrich Taube. Bereits im Jahre 1651 wurden jedoch auch diese fünf Kompagnien vollständig abgedankt. Von der gesammten Reiterei blieb 1651 nichts stehen als die Leib-Kompagnie der Einspännigen.

## IV. Die teutsche Leib-Garde zu Roß.

Wenige Tage nachdem die Leib-Kompagnie der Einspännigen abgedankt worden war, ließ Kurfürst Johann Georg II. am 16. Februar 1657 im kurfürstlichen Reithause seine neue Leib-Garde zu Roß mustern und zur Estandarte schwören.

Durch die Herübernahme der noch diensttüchtigen einspännigen Knechte aus der alten Leib-Kompagnie in die neue Leib-Garde blieb zwischen beiden ein gewisser Zusammenhang erhalten, wie denn überhaupt die Erinnerung an die zeither obwaltenden Verhältnisse nur allmählich verschwand. Häufig findet sich die neue Leib-Garde noch als Leib-Kompagnie bezeichnet, und der Ausdruck Hoffahne für die Leib-Garde zu Roß kommt selbst in offiziellen Aktenstücken noch vor.

Die Verpflichtung der neuen Leib-Garde zu Roß fand statt durch den Ober-Hofmarschall von Rechenberg und den Kammerrath von Haugwitz.

Der Ober-Hofmarschall, welcher inhalts seiner Bestallung Macht und Gewalt haben sollte nicht allein über die Hofoffiziere und alle anderen Diener und Hofgesindel, sondern auch über sämmtliche Leib-Guardien zu Roß und zu Fuß, stellte bei dieser Gelegenheit den bisherigen Obrist-Lieutenant von den Ritterpferden, Kammerjunker und Amtshauptmann zu Mühlberg, Rudolph von Neitzschitz zu Borthen und Röhrsdorf, der Leib-Garde als Obristen[27]) vor, und durch diesen erfolgte sodann die Vorstellung der übrigen Offiziere, nämlich des Kammerjunkers und bisherigen Trabanten-Hauptmanns Christian Ernst Kanne als Obrist-Lieutenant, des Kammerjunkers und bisherigen Rittmeisters bei den Ritterpferden Wolf Heinrich von Spohr als Rittmeister, Caspar Heinrichs von Grünrodt als Lieutenant und des Kammerherrn Wolf Lorenz

---

[27]) Obrist von Neitzschitz wurde zugleich zum Kammerherrn ernannt und verblieb Amtshauptmann zu Mühlberg. Seine bisherigen Bezüge jedoch als Amtshauptmann, sowie als Kammerjunker und als Obrist-Lieutenant von den Ritterpferden kamen in Wegfall. Die neue Besoldung für sich, auf sein Gesinde und seine Pferde betrug die für jene Zeit ansehnliche Summe von jährlich 2256 Thalern. Die Amtshauptmannschaft zu Mühlberg vertauschte jedoch Neitzschitz später gegen die Amtshauptmannschaft zu Stolpen und diese 1691 gegen die Amtshauptmannschaft zu Pirna.

## IV. Die teutsche Leib-Garde zu Roß.

Graf von Hofflirch²⁸) als Cornet. Ihm wurde das kurfürstliche Leib-Cornet übergeben und anvertraut dergestalt, daß er sich dasselbe wie seine Ehre und sein Leben anbefohlen sein lassen, auch Leib und Blut daran setzen solle.

Der Etat der Leib-Garde war laut der Musterliste folgender:

| | | | | |
|---|---|---|---|---|
| der Obrist . . . . | 100 | Thaler Leibesbesoldung und | 11 | Pferde |
| der Obrist-Lieutenant . | 80 | „ „ „ | 7 | „ |
| der Rittmeister . . . | 60 | „ „ „ | 4 | „ |
| der Cornet . . . . | 40 | „ „ „ | 4 | „ |
| der Lieutenant . . . | 30 | „ „ „ | 3 | „ |
| der Quartiermeister . | 20 | „ „ „ | 3 | „ |
| drei Korporale . . . | 36 | „ „ „ | 6 | „ |
| ein Fourier . . . . | 6 | „ „ „ | 2 | „ |
| ein Feldscheer . . . | 6 | „ „ „ | 1 | „ |
| ein Profos . . . . | 8 | „ „ „ | 1 | „ |
| vier Trompeter . . . | 20 | „ „ „ | 4 | „ |
| ein Pauker . . . . | 5 | „ „ „ | 1 | „ |
| | 411 | Thaler Leibesbesoldung und | 47 | Pferde |

beim ersten Blatt (prima plana)
14 Truchsesse, jeder mit 2 Pferden, 28 Pferde
30 Einspännige . . . . . . 30 „
                Summa 105 Pferde.

Die Truchsesse waren Edelleute, von denen jeder mit einem Knecht und zwei Pferden diente. Dieselben bezogen ebensowenig wie die Einspännigen eine Leibesbesoldung, sondern es hatten die Einspännigen mit ihren Pferden, sowie die Truchsesse mit ihren Knechten und Pferden von dem auf jedes Pferd mit 8 Thalern ausgeworfenen Solde sich selbst zu unterhalten.

Von den Offizieren erhielt ein jeder außer der Leibesbesoldung für sich jährlich ein Ehrenkleid, sowie für sein Gesinde gleichmäßige Liberey wie die Reiter bei der Kompagnie und auf die Dienstpferde 8 Thaler gewöhnliches Reiter-Traktament.

Der Sold auf die 105 Pferde der Kompagnie betrug demnach 840 Thaler; wird hierzu die Leibesbesoldung beim ersten Blatt mit 411 Thalern gerechnet, so erheischte der Unterhalt der neuen Leib-Garde einen Aufwand von monatlich 1251 Thalern, welcher von den für die Soldateska ausgeworfenen Geldern zu bestreiten war.

---

[28]) Bereits 1659 am 1. September folgte ihm als Cornet der Kammerherr Friedrich Albrecht von Götz, nachmals Ober-Stallmeister.

Der Kommandant der neuen Leib-Garde, welcher sich in seiner Bestallung als Obrister über die Leib-Garde zu Roß, sonst aber häufig als Hofobrister bezeichnet findet, sollte inhalts seiner Instruktion die ihm anvertraute Leib-Garde in guter Ordnung und Disziplin halten. Seiner Dependenz halber war er unmittelbar an die Befehle des Kurfürsten verwiesen und hatte von Niemand sonst Ordre anzunehmen. Wenn jedoch der Ober-Hofmarschall ihrer viele oder wenige aus denen vom Adel oder den Einspännigen zur Hofaufwartung, zum Convoy oder zur Verschickung benöthigt, so sollte der Obrist ihm damit unweigerlich zur Hand gehen. Ferner hatte der Obrist die Reiter und Knechte eintretenden Falles nach dem Artikulsbriefe selbst zu strafen, wegen Bestrafung der Adligen hingegen, welche sich etwas zu Schulden kommen ließen, sich mit dem Ober-Hofmarschalle zu vernehmen oder dieselben dem Kurfürsten selbst anzuzeigen und Bescheides zu erwarten. Für seine Person sollte der Obrist jederzeit an dem Orte, wo der Kurfürst sich aufhalte, es sei im Hoflager zu Dresden, auf Reisen oder zu Felde, bei der Garde sich persönlich befinden.

Wenn große Festlichkeiten bevorstanden, so wurden im Hofmarschallamte Memoriale für die sämmtlichen Hofbeamten ausgearbeitet, worin einem jeden seine Obliegenheiten vorgeschrieben waren. So hatte z. B. im Jahre 1662 bei der Vermählung der Tochter des Kurfürsten mit dem Markgrafen von Brandenburg-Baireuth Rudolph von Neitzschitz, Ritter, Hofobrister, Kammerherr und Amtshauptmann zu Mühlberg, laut des ihm zugestellten Memorials, bei dem bevorstehenden hochfürstlichen Beilager zu beobachten: 1. welche Bedienung ihm selbst zukommen möchte, werde er jedesmal in Zeiten benachrichtigt werden; 2. den Truchsessen werde er zu befehlen belieben, daß sie insgesammt die Speisung auf die kurfürstliche Haupttafel tragen und sich sonst in dem, was ihnen aufgetragen werde, gebührend bezeigen sollen; 3. der Einspännigen sei man zur Aufwartung im Riesengemach und in den Hofstuben benöthigt und werde der Herr Obrist ihnen befehlen, auf Ansage der Hoffouriere an den Orten, wo jeder hinbestellt werde, fleißig aufzuwarten.

Die Verpflichtung für die Truchseße von der Leib-Garde, das Essen auf die kurfürstliche Tafel zu tragen, blieb in der Regel bei allen größeren Hoffestlichkeiten dieselbe. Zuweilen wurden dieselben jedoch auch zu anderen Dienstleistungen verwendet. Bei der Vermählung des Kurprinzen waren unter anderem zwei Truchseße

## IV. Die teutsche Leib-Garde zu Roß.

von der Leib-Garde zu Pferd zur Dienstleistung als Marschälle für das gräfliche, freiherrliche und adlige Hof- und städtische Frauenzimmer befehligt. Andere Truchsesse versahen bei derselben Gelegenheit den Dienst als Mundschenken bei den anwesenden fürstlichen Personen, soweit nicht Kammerjunker hierzu befehligt waren, und bei den fremden Abgesandten.

Wegen der nächst der Hofaufwartung und dem Convoy erwähnten Verschickungen schienen große Mißbräuche stattgefunden zu haben. So erging am 18. März 1667 die Ordre: der Obriste Neitzschitz solle nicht einräumen, daß ein jeder unter dem Prätext kurfürstlicher Angelegenheiten die Einspännigen von der Leib-Garde zu Roß zu Verschickungen gebrauche, er sei denn genugsam versichert, daß die kurfürstlichen Hof- und Kriegsdienste es also erforderten.

Ferner erhielt der Obrist von Neitzschitz am 16. März 1668 Befehl, den Mißbrauch abzustellen, daß die Einspännigen von der Leib-Garde zu Roß mit Bestellung von Posten und Privatbriefen übernommen würden, indem dadurch die Pferde und die Montirung in großes Abnehmen geriethen.

Was die Uniformirung der Leib-Garde betrifft, so trug sie rothe, gelb ausgemachte Röcke und mindestens bei festlichen Gelegenheiten Hauben oder Casquets, sowie Brust- und Rückenstücke[29]). Bei den Truchsessen waren die eisernen Nasenfedern an den Casquets vergoldet und die Karabinerriemen mit goldenen Gallonen eingefaßt. Die Trompeter trugen ebenfalls rothe, jedoch mit Gold und schwarzen Schnüren besetzte Röcke. An den Trompeten befanden sich rothe damastene Fahnen mit dem kurfürstlichen Wappen und Quasten von roth und gelb.

Die Estandarte der Leib-Garde war von weißem mit Gold gestickten Atlas. Auf der einen Seite befand sich unter dem Kurhute das kurfürstliche Wappen in Farben und in Gold und Silber gestickt. Auf der anderen Seite erschien eine Pyramide, in deren Mitte sich in einem goldenen Oval des Kurfürsten Namenszug in Silber zeigte. Ueber dem Namenszuge erblickte man ein Casquet mit dahinter kreuzweise geschränktem Schwerte und Palmenzweige

---

[29]) In den Hofmarschallamts-Akten findet sich die Abbildung eines Aufzuges aus jener Zeit. Sovieł sich unterscheiden läßt, hatten die über dem Küraß getragenen Röcke keine Aermel. Die Offiziere sind mit Hüten abgebildet, auf denen ein wallender Federbusch erscheint. Auch der Pauker und die Trompeter trugen Hüte mit Federbüschen.

und zu oberst, wie auch zu unterst ein Auge. Oben darüber aber erschien ein goldener Strahl mit dem Worte Jehovah in hebräischer Schrift. Zu beiden Seiten der Pyramide zeigte sich reich und künstlich gestickt des Kurfürsten Symbolum: „Sursum deorsum"[30]). In dem vergoldeten und auf jeder Seite mit 16 großen Rubinen besetzten Krönlein war das Wort Jehovah durchbrochen.

Die Leib-Garde zu Roß begleitete zunächst im Herbst des Jahres 1657 den Kurfürsten auf seiner Huldigungsreise im Lande[31]) und 1658 im Frühjahr, nachdem sie auf 27 Truchsesse[32]) und 50 Einspännige verstärkt worden war, zur Kaiserwahl nach Frankfurt. Bei dem Einzuge in Frankfurt am 22. März 1658 marschirte die Leib-Garde zu Roß in folgender Ordnung[33]):

„Ein Heerjunker und fünf Trompeter; Rudolph von Neitzschitz, Kammerherr und Hofobrister über die Leib-Guardie zu Roß, in Brust- und Rückenstücken und mit bloßem Degen.

Ihm folgten: Christian Ernst Kanne, Obrist-Lieutenant; Wolf Heinrich von Spohr, Rittmeister; beide mit Brust- und Rückenstücken und mit bloßem Degen; Wolf Lorenz Graf Hoffkirch, Kammerherr und Cornet, gleichfalls gewaffnet und führte er selbst die Leib-Estandarte; 30 Glieder von der Leib-Guardie zu Roß, worunter 30 vom Adel, je vier im Gliede, alle mit Brust- und Rückenstücken, präsentirtem Karabiner und Casquetten auf dem Haupte.

Den Schluß bildete Hans Caspar von Grünrodt, Lieutenant, mit Brust- und Rückenstücken und mit bloßem Degen."

Von Frankfurt, wo der Obrist von Neitzschitz vom Kaiser zum Ritter geschlagen worden war, begleitete die Leib-Garde den Kurfürsten nach Dresden zurück.

---

[30]) Sursum deorsum heißt wörtlich übersetzt: „Nach oben, nach unten". Der Sinn dieses Wahlspruches des Kurfürsten läßt eine sehr verschiedenartige Deutung zu. Ein Zeitgenosse hat denselben folgendermaßen ausgelegt:
Aufwärts ich zu Gott mich hebe,
Abwärts ich dem Nächsten lebe.

[31]) So lange diese Reise dauerte, wurde statt Futter und Mahl wöchentlich 1 Thaler Zulage gewährt, wovon ein jeder seine vivres und seine Fourage selbst zu bezahlen hatte.

[32]) Truchsesse waren: Sechs Gersdorff, zwei Metzradt, je ein Bomsdorff, Kaltreuther, Hermsdorff, Schleinitz, Wallizsch, Werthern, Polenz, Bünau, Geysing, Feldheim, Zescha, Luttitz, Rabenau, Haugwitz, Ende, Friesen, Weißenbach, Zedlitz, Hopfgarten. Später kamen noch hinzu die Truchsesse Milkau, Seebach, Buchwald Berga, zwei Kospoth und zwei Sicherod.

[33]) Die Zugordnung war nicht immer die nämliche.

## IV. Die teutsche Leib-Garde zu Roß.

In den folgenden Jahren wechselte der Etat der Leib-Garde, welche man seit dem Jahre 1660 zum Unterschiede von der damals in kurfürstliche Dienste aufgenommenen Leib-Garde Kroaten als die teutsche Leib-Garde zu Roß zu bezeichnen pflegte, mehrfach. Bei der Musterung am 11. Oktober 1662 befanden sich im ersten Blatt 56 Pferde, indem nicht allein den Offizieren mehrere Pferde zugelegt wurden, sondern auch neu hinzugetreten waren: ein Wachtmeister[84]), ein Musterschreiber, zwei Fahnenschmiede, ein Sattler, ein Plattner. Dagegen befinden sich die sechs Pferde der Korporale nicht mehr beim ersten Blatt, sondern in der Liste der Mannschaft aufgeführt.

Außer gedachten 56 Pferden im ersten Blatt zählte die Leib-Garde 186 Pferde in drei Korporalschaften, daher jede Korporalschaft 22 Pferde, nämlich: 2 Pferde der Korporal, 32 Pferde die 16 Truchsesse, 30 Pferde die 30 Einspännigen. Eingerechnet in diese Anzahl war der ebenfalls neu hinzugekommene Fahnenjunker, welcher unter den Truchsessen der zweiten Korporalschaft ritt[85]).

Nachdem sodann für kurze Zeit eine Reduktion des Etats der Leib-Garde auf 200 Pferde stattgefunden hatte, stieg derselbe bald wieder und betrug im Jahre 1675 250 Pferde, daher, bis auf wenige Pferde, ebenso viel, als bei der Musterung am 11. Oktober 1662.

Unterdessen hatten sich auch unter den Offizieren vielfache Veränderungen zugetragen. Was namentlich die Obrist-Lieutenants betrifft, so dankte der Obrist-Lieutenant Christian Ernst Kanne am 14. März 1661 in Folge seiner Ernennung zum Hofmarschall ab und seine Stelle wurde dem bisherigen Obrist-Wachtmeister bei den Ritterpferden, Christoph Melchior von Neitzschitz[86]), verliehen. Diesem folgte 1663 am 6. Dezember als Obrist-Lieutenant der seit

---

[84]) Die neubegründete Wachtmeisterstelle hatte am 1. Februar 1661 der bisherige Korporal Hans Georg von Bärenstein erhalten. Beim Marsche der Leib-Garde pflegte nebst dem Lieutenant der Wachtmeister den Zug zu schließen.

[85]) Korporals waren 1662 Caspar Otto von Nostitz, Caspar Siegmund von Metzradt, Siegfried von Gersdorff; Fahnenjunker war Wendel von Bomsdorff.

[86]) Christoph Melchior von Neitzschitz war in den Wirren des dreißigjährigen Krieges verschollen gewesen. Er kehrte jedoch zurück und erhielt die ihm für diesen Fall aufbehaltene Obrist-Wachtmeisterstelle beim zweiten Regiment Ritterpferde. Er wurde 1661 Obrist-Lieutenant bei der Leib-Garde zu Roß, und als er diese Stelle resignirte, erhielt er 1663 im Dezember die ihm vom Obristen Rudolph von Neitzschitz cedirte Amtshauptmannschaft zu Mühlberg. 1673 wurde er Kommandant von Königstein und starb als solcher 1684.

1659 in den Listen der Leib-Garde nicht mehr aufgeführte frühere Cornet Wolf Lorenz Graf Hoffkirch. Als letzterer jedoch wegen einer dem Kurprinzen zugefügten Beleidigung in Ungnade fiel[87]), erhielt der Hofobrist von Neitzschitz am 29. Juni 1667 Befehl, die Leib-Garde des Gehorsams gegen den Obrist-Lieutenant Grafen Hoffkirch zu entbinden und an seiner Stelle den Obrist-Wachtmeister Caspar Heinrich von Grünrodt als Obrist-Lieutenant vorzustellen. In Folge dieses raschen Wechsels in Besetzung der Obrist-Lieutenantsstelle, welcher Aufrückungen mit sich führte, sowie in Folge neuer Ernennungen, befanden sich im Jahre 1675 als Offiziere bei der teutschen Leib-Garde zu Roß: Obrist Rudolph von Neitzschitz, Ritter, seit 1671 auch Kriegsrath; Obrist-Lieutenant Caspar Heinrich von Grünrodt; Obrist-Wachtmeister Johann Friedrich von Rodewitz; Cornet Hans Karl von Neitzschitz. Die Stelle des Lieutenants war unbesetzt.

Im Herbst des Jahres 1675 beschloß Kurfürst Johann Georg II., die teutsche oder wie es in der betreffenden Ordre heißt, die hochteutsche Leib-Guarde zu Roß in drei Kompagnien zu formiren. Die Detailbestimmungen deshalb rühren von der Hand des Kurfürsten, wie denn überhaupt der Kurfürst, wenn er auch nicht selbst ins Feld gezogen ist[88]), mit den militärischen Angelegenheiten sich doch sehr eingehend beschäftigte. So pflegte der Kurfürst die Musterungen meist in Person abzuhalten, die höheren Offiziere selbst zu benennen und über Organisation und Zusammensetzung des Truppentheils seine Meinung schriftlich zu erkennen zu geben.

Im vorliegenden Falle benannte der Kurfürst als Kommandanten der drei zu formirenden Kompagnien den Hofobristen

---

[87]) Der Kurprinz war am 3. Juni 1667 mit mehreren Kavalieren, unter denen sich auch Graf Hoffkirch befand, nach einer Mühle im Plauen'schen Grunde geritten, um das Mittagsmahl daselbst einzunehmen. Während desselben kam es zu einem heftigen Streite, und Graf Hoffkirch vergaß sich soweit, den Degen gegen den Kurprinzen zu ziehen. Graf Hoffkirch wurde verhaftet und die Untersuchung gegen ihn eingeleitet. Nachdem er sich jedoch verpflichtet, die Residenz binnen drei Tagen zu verlassen, erhielt er den Degen zurück.

[88]) Deshalb fand auch die Leib-Garde keine Gelegenheit, sich im Felde auszuzeichnen. Dagegen wurde dieselbe mehrfach zur Eskortirung der Artillerie bei ihren Märschen im Lande, sowie zur Sicherung der Straßen, namentlich während der Zeit der Leipziger Messe, verwendet. Im Jahre 1680 erhielt Lieutenant von Nostitz Befehl, mit einer starken Abtheilung der Leib-Garde zu Roß die Mauseparthie im Zellaer Walde aufzusuchen.

## IV. Die teutsche Leib-Garde zu Roß.

Rudolph von Neitzschitz, welcher gleichzeitig Kommandant der Garde blieb, den Obrist=Wachtmeister Hans Friedrich von Rodewitz und, unter Ernennung zum Rittmeister, den bisherigen Cornet Hans Karl von Neitzschitz, Sohn des Obristen von Neitzschitz.

Die erste Musterung der Leib-Garde in drei Kompagnien, bei welcher zugleich der Obrist von Neitzschitz in der ihm neu verliehenen Würde als General-Wachtmeister vorgestellt wurde, fand am 6. Januar 1676 im Schmelzgarten vor dem Wilsdruffer Thor in Gegenwart des Kurfürsten und Kurprinzen statt.

Der Bestand der Garde war:

**Leib-Kompagnie**, 131 Pferde.

1 Heerpauker und 4 Trompeter mit 5 Pferden.

Stab:

| | | |
|---|---|---|
| Obrist von Neitzschitz | 12 Pf. | |
| Quartiermeister Meusel | 3 „ | 2 Knechte |
| Secretarius Melchior Becke | 2 „ | 1 „ |
| 1 Feldscheer | 2 „ | dessen Gesell |
| 1 Plattner, 1 Sattler | 2 „ | |
| 1 Profos | 2 „ | dessen Steckenknecht |
| | 23 Pf. | |

Prima Plana:

| | | |
|---|---|---|
| Cap.-Lieutenant Georg Heinrich von Carlowitz | 5 Pf. | 2 Kn. |
| Cornet Otto Christoph von Rochau | 4 „ | 2 „ |
| Fourier Caspar Werde | 2 „ | 1 „ |
| 1 Fahnenschmied | 1 „ | — „ |
| | 12 Pf. | |

Erste Korporalschaft:

| | | |
|---|---|---|
| Wachtmeister Hans Georg von Bernstein[39]) | 3 Pf. | 2 Kn. |
| Nicolaus Perich | | |
| Johann Schulte | | |
| Joachim Bernhard von Ihlau | | |
| Hans Georg von Krahe aus Roßthal | je 2 „ | 1 „ |
| Hans Christoph Claudi | | |
| Hans Georg von Döhlau aus Welßdorf | | |
| Siegfried von Lüttichau aus Kmehlen | | |
| 15 Einspännige | je 1 „ | — „ |
| | 32 Pf. | |

---

[39]) Hatte 2 Jahre als Reuter Dänemark, dann 20 Monate als Reuter und 10 Monate als Korporal in Frankreich unter Kardinal Mazarin im Leib-Regiment gedient. Bei der Leib-Guarde dann seit 18 Jahren $10^{1}/_{2}$ Monaten.

von Minckwitz:

### Zweite Korporalschaft:

| | |
|---|---|
| Korporal Hans Christoph von Gersdorff aus Hammerstädt bei Görlitz[40]) . . . . . | 2 Pf. 1 Kn. |
| Fahnenjunker Joachim Friedrich von Kospoth aus Cotta bei Pirna[41]) . . . . . . . . | 2 „ 1 „ |
| Heinrich Adolph von Borau gen. Kessel aus Perzdorf in Böhmen . . . . . . . . . | |
| Otto von Tacherodt . . . . . . . . . | |
| Hans Christoph Römer aus Ober-Neumark bei Zwickau . . . . . . . . . . . . | je 2 „ 1 „ |
| Hans Günther von Loeben aus Hermsdorf bei Küstrin . . . . . . . . . . . | |
| Johann Adam Friedrich von Schönberg aus Wilsdruff . . . . . . . . . . | |
| Georg Ernst von Oelsnitz aus Ober-Ranitsch . | |
| 15 Einspännige . . . . . . . . . . . | je 2 „ — „ |
| | 31 Pf. |

### Dritte Korporalschaft:

| | |
|---|---|
| Korporal Wolf Dietrich von Polenz aus Linz bei Ortrand[42]) . . . . . . . . . | 2 Pf. 1 Kn. |
| Hans Friedrich von Schönberg aus Rothschönberg | |
| Georg Dietrich von Carlowitz aus Thürmsdorf . | |
| Julius Heinrich von Wolffersdorff . . . . . | je 2 „ 1 „ |
| Adam Friedrich von Carlowitz aus Kreischa . | |
| Joachim von Plötz aus Colmen bei Wurzen | |
| Franz Ferdinand von Troilo . . . . . | |
| 14 Einspännige . . . . . . . . . . . | je 1 „ — „ |
| | 28 Pf. |

**Oberst-Wachtmeisters Kompagnie, 102 Pferde.**

### Prima Plana:

| | |
|---|---|
| Oberst-Wachtmeister Hans Friedrich von Rodewitz . . . . . . . . . . . . . | 7 Pf. 4 Kn. |
| Lieutenant Heinrich Adolph von Rabenau . | 4 „ 2 „ 1 Handpf. |
| Cornet Caspar Siegmund von Rodewitz . . | — „ — „ |
| 1 Fourier . . . . . . . . . . . | 2 „ 1 „ |
| 1 Musterschreiber . . . . . . . . . | 1 „ — „ |
| | 20 Pf. |

---

[40]) 1 Jahr als Reuter der Krone Polen gedient, seit 18 Jahren 4 Monaten in der Leib-Guarde.

[41]) Bei der Leib-Guarde seit 17 Jahren 2 Monaten.

[42]) Seit 17 Jahren 2 Monaten bei der Leib-Guarde.

## IV. Die teutsche Leib-Garde zu Roß.

**Erste Korporalschaft:**

Wachtmeister Caspar Otto von Nostitz aus Triebitz [43])    2 Pf. 1 Kn.
Gottfried Magnus von Gersdorff aus Hammerstädt ⎫
Friedrich Adolph von Kalkreuter aus Weißdorf    ⎪
   bei Friedland . . . . . . . . . . . . . . . . . . .   ⎪
David Heinrich von Gersdorff aus Taubenheim    ⎬ je 2 „ 1 „
Karl Friedrich von Nostitz . . . . . . . . . . . .   ⎪
Georg Rudolph von Glüz . . . . . . . . . . . .   ⎪
Heinrich Friedrich von Rabenau . . . . . . .   ⎪
Gottlob Ernst von Sander . . . . . . . . .   ⎭
12 Einspännige . . . . . . . . . . . . . . . je 1 „
                                                  28 Pf.

**Zweite Korporalschaft:**

Korporal Hans Georg von Reimbz aus Seidenberg [44])    2 Pf. 1 Kn.
Fahnenjunker Christian Friedrich von Luttitz . .   ⎫
Friedrich Adolph von Gersdorff . . . . . . . .   ⎪
Georg Abraham von Kyau . . . . . . . . .   ⎬ je 2 „ 1 „
Hans Christoph von Schilling . . . . . . . .   ⎪
Hans Caspar von Nostitz . . . . . . . . . .   ⎪
Christoph Gottlob von Gersdorff . . . . . .   ⎪
Hans Nicol von Schwanitz aus Hochkirch . .   ⎭
12 Einspännige . . . . . . . . . . . . . . . je 1 „ — „
                                                  28 Pf.

**Dritte Korporalschaft:**

Korporal Georg Adam von Schweinack a. d. Ober-
   lausitz . . . . . . . . . . . . . . . . . . . .    2 Pf. 1 Kn.
Otto Heinrich von Scherz und Pliskowitz . .   ⎫
Caspar Adolph von Ponikau . . . . . . . .   ⎪
Hans Christoph von Luttitz . . . . . . . . .   ⎬ je 2 „ 1 „
Georg Abraham von Thier . . . . . . . . .   ⎪
Hans Christoph von Mediger . . . . . . . .   ⎪
Hans Otto von Kolberitz . . . . . . . . . .   ⎭
12 Einspännige . . . . . . . . . . . . . . . je 1 „ — „
                                                  26 Pf.

**Rittmeister Neitzschitz' Kompagnie 102 Pferde.**

Prima Plana:

2 Trompeter . . . . . . . . . . . . . 2 Pf.
Rittmeister Hans Karl von Neitzschitz . . . 7 „ 2 Kn. 2 Handpf.

---

[43]) Hat 66 Monate als Reuter unter dem Nassischen Regiment und 227 Monate als Korporal bei der Leib-Guarde gedient.
[44]) Diente der Krone Schweden 66 Monate als Lieutenant, in der Leib-Guarde seit 129 Monaten.

Lieutenant Caspar Magnus von Metzradt aus
   Hermsdorf in der Oberlausitz⁴⁵) . . .    4 Pf. 2 Kn.
Cornet Hans Pflugk aus Strehla⁴⁶) . . .   4 „ 2 „
1 Fourier . . . . . . . . . . .   2 „ 1 „
1 Musterschreiber . . . . . . . .   1 „ — „
                           20 Pf.

**Erste Korporalschaft:**

Wachtmeister Johann Melchior von Milkau aus
   Pilzig bei Rochlitz . . . . . . .    2 Pf. 1 Kn.
Wolf Joachim von Fitzscher . . . . .  
Adam Friedrich von Kospoth aus Cotta . . .  
Paul Rittiger . . . . . . . . . .  
Christoph Friedrich von Thier . . . . .  
Hans Melchior von Milkau . . . . . .  } je 2 „ 1 „
Christoph Franz von Crunewald aus Laacka in
   Preußen . . . . . . . . . . .  
Hans Caspar von Konnewitz aus der Mark . .  
12 Einspännige . . . . . . . . .   je 1 „ — „
                           28 Pf.

**Zweite Korporalschaft:**

Korporal Hans Heinrich von Minckwitz aus dem
   Hause Gablenz in der Mark⁴⁷) . . . .   2 Pf. 1 Kn.
Wolf Adolph von Grünrodt aus Wiederoda,
   Fahnenjunker . . . . . . . . .  
Moritz Albrecht von Hartitzsch . . . . .  
Georg Dietrich von Birkholz . . . . . .  } je 2 „ 1 „
Hans Georg von Werther . . . . . .  
Adam Heinrich von Darstettel . . . . .  
Georg Asmus von Hartitzsch . . . . .  
Georg Friedrich von Osterhausen . . . .  
12 Einspännige . . . . . . . . .   je 1 „
                           28 Pf.

---

⁴⁵) Hatte 3 Jahre der Krone England als Reuter, unter Oberstl. Bose, dann 2 Jahre der Krone Schweden als Frei-Reuter gedient. Bei der Leib-Guarde seit 18 Jahren 10 Monaten.

⁴⁶) Hatte 3 Jahre als Reuter unter des Großherzogs von Florenz hochdeutscher Leib-Comp. Cuirassier unter des Obersten Graf Consagi Kompagnie gedient.

⁴⁷) Hatte 4 Jahre als Reuter und 1 Jahr als Cornet bei Obrist Promnitzens Leib-Comp. unter General-Wachtmeister Pfuhl dem Kurfürsten von Brandenburg gedient, seit 9 Monaten bei der Leib-Guarde.

IV. Die teutsche Leib=Garde zu Roß.

Dritte Korporalschaft:

| | |
|---|---|
| Korporal Christoph Cäsar von Auerswalde | 2 Pf. 1 Kn. |
| Franz Rudolph von Schmiedt | |
| Hans Friedrich von Werther | |
| Leonhard Christian von Engell aus Saßleben (Niederlausitz) | |
| Hans Heinrich von Leipziger | je 2 „ 1 „ |
| Magnus Friedrich von Carlowitz aus Rabenstein | |
| Carl Balthasar von Boitha aus Neundorf bei Eilenburg | |
| 12 Einspännige | je 1 „ — „ |
| | 26 Pf. |

Die Leib=Garde war daher 335 Pferde stark.

Für jedes Pferd wurden monatlich (der Monat zu 36 Tagen und das Jahr zu 10 Monaten gerechnet) 10 Thaler gewährt und betrug der Aufwand für die Leib=Garde, einschließlich der Besoldungen für die Offiziere, Unteroffiziere, die Trompeter, den Pauker, den Schmied, den Sattler, den Plattner 4060 Thaler.

Jede Kompagnie besaß ihre eigene Standarte. Die Leib=Standarte befand sich bei der Kompagnie des Obristen, General=Wachtmeisters von Neitzschitz; dieselbe war von weißer Seide, reich mit Gold gestickt und mit goldenen Franzen besetzt. Auf der einen Seite erschienen des Kurfürsten Embleme mit dem Symbolum: Sursum deorsum, auf der anderen Seite zeigte sich der Hosenband=orden mit dem Bildnis des heiligen Georg und der bekannten Umschrift des Ordens: Hony soit qui mal y pense.

Bei den beiden anderen Kompagnien waren die Standarten ebenfalls von weißer Seide, reich mit Gold gestickt, mit den Kur=schwertern, dem Kurhut, dem Namenszug des Kurfürsten in einem Rautenkranz und mit der Umschrift: Sursum deorsum.

Zur teutschen Leib=Garde zu Roß trat am 1. Januar 1677 noch eine vierte Kompagnie hinzu unter dem Kammerherrn und Hofmarschall Friedrich Adolph von Haugwitz als Obrist=Lieutenant. Die Stärke und Verpflegung derselben war die nämliche, wie bei den übrigen Kompagnien. Der Stab und drei Kompagnien empfingen ihren Unterhalt aus dem Kriegszahlamte, die Kompagnie des Obrist=Wachtmeisters wurde dagegen aus den Oberlausitzer Einkünften verpflegt.

In der Kapitulation mit dem Hofmarschall Obrist=Lieutenant von Haugwitz ist rücksichtlich der bei der Militärgerichtspflege damals üblichen Einrichtungen folgender Passus bemerkenswerth:

der Disziplin und Justiz halber wolle der Kurfürst geschehen lassen, daß der Hofmarschall als Obrist=Lieutenant die gemeinen Reiterdelicta, der Kriegsobservanz gemäß und nach den Artikuls=briefen, zu strafen Fug und Macht habe. Kriminal= und Haupt=verbrechen dagegen solle er jedesmal selbst oder durch den General=Wachtmeister von Neitzschitz als Obristen an den Kurfürsten bringen lassen und gebührende Anordnung erwarten.

In dem Bestande von vier Kompagnien verblieb die teutsche Leib=Garde zu Roß unter den Befehlen des Obristen, General=Wachtmeisters von Neitzschitz, welchem 1677 im Januar gleichzeitig auch das Kommando der Leib=Garde der Kroaten und Dragoner[48]) übertragen worden war, nachdem er am 30. September 1677

---

[48]) Es sei hier noch des Leib=Eskadrons, des Leib=Regiments, sowie der kurprinzlichen Leib-Garde zu Roß gedacht.

Obrist Georg Friedrich von Wolfframsdorff hatte am 1. Juni 1664 zur obersächsischen Kreishilfe drei Kompagnien, jede 103 Pferde stark, aufgebracht.

Hofmarschall und Obrist Christian Ernst Kanne erhielt unter dem 16. Mai 1666 Auftrag, eine Kompagnie Reiter „zu Unserer Leib=Guarde" zu errichten. Im Oktober 1666 warb der Obrist Wachtmeister Gabriel von Berg eine zweite Kompagnie zu dieser Leib-Garde, welche nunmehr Leib=Eskadron zu Roß benannt wurde. Der Leib=Eskadron trug rothe, blau aufgeschlagene Röcke.

Der Kurfürst befahl, als Obrist von Wolfframsdorff 1668 starb, die bisher von ihm geführten drei Kompagnien zum Leib=Eskadron zu stoßen und aus diesen fünf Kompagnien unter Hinzuwerbung einer sechsten das Leib=Regiment zu Roß unter den Befehlen des zeitherigen Kommandanten des Leib-Eskadrons, des Hofmarschalls Obristen Kanne, zu formiren. Nachdem letzterer 1671 Oberkämmerer und 1672 zugleich Ober-Hofmarschall geworden war, resignirte er 1675 das Kommando über das Leib=Regiment zu Roß und verlieh auf Befürwortung des Kurprinzen der Kurfürst dasselbe als Obristen dem Feldmarschall-Lieutenant und Ober-Falkenmeister Gerhard Grafen von Dernath, unter Abtrennung jedoch der Kompagnie des Obrist-Lieutenants von Golbacker vom Regimentsverbande.

Diese letztgedachte Kompagnie befehligte als Freikompagnie der zum Obristen beförderte Obrist-Lieutenant von Golbacker bis zu seinem Ableben, worauf sie 1678 im April unter Kommando des Obrist-Wachtmeisters Richard von Wolffersdorff dem Kurprinzen als Leib-Garde übergeben wurde.

Nächst dieser kurprinzlichen Leib-Garde bestand noch ein kurprinzliches Leib-Regiment zu Pferd, errichtet 1673 in sechs Kompagnien und im Jahre 1676 verstärkt auf zehn Kompagnien.

Das kurprinzliche Leib-Regiment zu Roß sowohl, als die kurprinzliche Leib-Garde blieben in gleicher Weise, wie die teutsche Leib-Garde zu Roß, zunächst von der Reduktion unberührt, als im Frühjahr 1680 nach dem Nymwegener Frieden der größte Theil der sächsischen Truppen und mit ihnen auch das Leib-Regiment zu Roß bis auf die Leib-Kompagnie des Grafen von Dernath abgedankt wurde.

das Prädikat als Geheimer Kriegsrath erhalten hatte, bis zum Ableben des Kurfürsten Johann Georg II. im August 1680.

Nach dem Regierungswechsel erhielt General-Wachtmeister von Neitzschitz Ordre, gegen den Kurfürsten Johann Georg III. in der Pflicht, mit welcher er Seiner kurfürstlichen Durchlaucht höchstseligem Herrn Vater verbunden gewesen, gleichfalls zu verharren, auch an die unter seinem Kommando stehenden Offiziere von Kompagnie zu Kompagnie Befehl zu stellen, die Kompagnie förderlichst aufs neue zu vereiden; allein bereits Anfang November 1680 erging die Anordnung zur Auflösung der Garde, indem die Kompagnien des General-Wachtmeisters von Neitzschitz und des Rittmeisters Hans Karl von Neitzschitz abgedankt, die Kompagnien des Obrist-Lieutenants von Haugwitz[49]) und des Obrist-Wachtmeisters von Rodewitz dagegen dem neu zu formirenden Regimente des General-Wachtmeisters Ulrich Grafen Promnitz, dem jetzigen Gardereiter-Regimente, zugetheilt wurden. General-Wachtmeister von Neitzschitz selbst trat in den Ruhestand und erhielt „in gnädigster Consideration seiner dem Churhause geleisteten langwierigen treuen Dienste" ein Wartegeld von jährlich 2000 Thalern. Rudolph von Neitzschitz zu Röhrsdorf und Borthen, geboren am 4. August 1614, starb am 14. Februar 1682.

## V. Die Trabanten-Leibgarde zu Roß.

Bei der Errichtung des stehenden Heeres durch Kurfürst Johann Georg III. trat an die Stelle der teutschen Leib-Garde zu Roß eine neu errichtete Trabanten-Leibgarde zu Roß.

Die Leibgarde-Trabanten zu Roß, deren Formirung zu Bautzen erfolgte, wo der Kurfürst wegen der in Dresden herrschenden Kontagion verweilte, hatte zu bestehen aus 150 gedienten wohlversuchten Reutern in einer Kompagnie und waren zu derselben abzugeben: je 25 Mann von den Kompagnien des General-Wachtmeisters Rudolph von Neitzschitz, des Obrist-Lieutenants von Haug-

---

[49]) Obrist-Lieutenant Hofmarschall Friedrich Adolph von Haugwitz wurde nach dem Regierungsantritt Johann Georgs III. Ober-Hofmarschall, Wirklicher Geheimer Rath, Ober-Steuerdirektor ꝛc. und verblieb während der ganzen Regierungszeit des Kurfürsten eine der einflußreichsten Persönlichkeiten.

witz und des Rittmeisters Hans Karl von Neitzschitz, vor der Abdankung beziehentlich anderweiten Verwendung dieser, zur teutschen Leib=Garde zu Roß gehörig gewesenen Kompagnien, ferner 25 Mann von der stehen gebliebenen, aber nunmehr ebenfalls entlassenen Kompagnie des Obristen Grafen von Dernath vom ehemaligen Leib=Regiment zu Pferd und 30 Mann von der bisherigen kurprinzlichen Leib=Garde zu Roß, deren übrigbleibende Mannschaft man dem Gräflich Promnitzschen Regiment zu Pferd überwies[50]).

Die wenigen an 150 Mann noch Fehlenden wurden aus gebienten Leuten anderweit ergänzt.

Die Einrichtung der als Truchseße auf zwei Pferde bestallten Reuter wurde nunmehr vollständig aufgehoben und den jungen Edelleuten, welche bisher als Truchseße gedient hatten, freigestellt, als Einspännige in die Trabanten=Leibgarde einzutreten. Der Musterliste von 1681 zufolge machte jedoch keiner derselben von dem Anerbieten Gebrauch[51]) und ebenso wenig fanden Offiziere der bisherigen teutschen Leib=Garde zu Roß Verwendung in der neu errichteten Garde.

Zum Obristen der Trabanten=Leibgarde zu Roß ernannte der Kurfürst den Kommandanten des zeither kurprinzlichen, nunmehr kurfürstlichen, Leib=Regiments zu Roß, Obrist=Lieutenant Rudolph von Neitzschitz zu Gaußig[52]).

Der Etat der Leib=Garde, welcher sich auch in den folgenden Jahren vollständig gleich blieb, war nachstehender:

| | |
|---|---|
| 1 Obrister (Rudolph von Neitzschitz) . . . . . | 12 Pferde |
| 1 Rittmeister (Janko Sajatowitz) . . . . . | 6 " |
| 1 Lieutenant (Rudolph Haubold von Köckritz) . . | 5 " |
| 1 Cornet (Hans Georg Krahe) . . . . . | 3 " |
| 1 Wachtmeister (Hans Georg von Minckwitz) . . . | 2 " |
| 6 Korporale: | |
|     von Thier (aus Schlesien) . . . . . | 2 " |
|     von Haugwitz (aus der Oberlausitz) . . . | 2 " |
|     von Grünewaldt (aus Preußen) . . . . | 2 " |
|     Markloffski (aus Ober=Schlesien) . . . . | 2 " |

---

[50]) Siehe Geschichte des Gardereiter-Regiments.

[51]) Nur mehrere der Korporale der Trabanten-Leibgarde waren zuvor Truchseße bei der teutschen Leib-Garde zu Roß gewesen.

[52]) Rudolph von Neitzschitz zu Gaußig, ein entfernter Verwandter seines Vorgängers im Kommando über die Leib-Garde zu Roß, des General-Wachtmeisters Rudolph von Neitzschitz zu Vorthen und Röhrsdorf, war der Vater der zur Gräfin von Rochlitz erhobenen Sibylle von Neitzschitz.

## V. Die Trabanten-Leibgarde zu Roß.

|  |  |  |
|---|---|---|
|  | von Pöllnitz (aus dem Voigtlande) .... | 2 Pferde |
|  | von Schauroth (aus Sachsen) ..... | 2 " |
| 1 | Hofprofos ............. | 2 " |
| 1 | Quartiermeister .......... | 2 " |
| 1 | Musterschreiber .......... | 1 " |
| 1 | Feldscheer ............ | 1 " |
| 1 | Heerpauker ............ | 1 " |
| 4 | Trompeter ............ | 4 " |
| 1 | Fahnenschmied .......... | 1 " |
| 1 | Sattler ............. | 1 " |
| 150 | Trabanten ............ | 150 " |
| 172 Mann |  | 203 Pferde. |

Der Trabant erhielt außer freiem Obdach und Service monatlich 8 Thaler Traktament, wovon er sich selbst und sein Pferd unterhalten mußte.

Die Farbe der Uniform blieb, wie es die der teutschen Leib-Garde zu Roß gewesen war, roth.

Bei den Huldigungen in Wittenberg am 6. Februar und in Bautzen am 17. Februar 1681 befand sich die Trabanten-Leibgarde zur Dienstleistung gegenwärtig, auch folgten dem Kurfürsten 50 Pferde bei dem Besuche, welchen derselbe, zwischen den beiden gedachten Huldigungen, am Hofe in Berlin abstattete.

Die Quartiere betreffend, so hatten damals die Last der Einquartierung für die Infanterie die größeren Städte, für die Kavallerie die kleineren Städte, Flecken und Dörfer zu tragen.

Den Leibgarde-Trabanten zu Roß waren das Erbamt Dresden, das Brückenamt, das Leubnitzer Amt, das Hospitalamt St. Materni, die Aemter Radeberg, Hohnstein, Lohmen, Stolpen, Pirna, Dippoldiswalde, Grillenburg, Moritzburg und Meißen zu Quartieren angewiesen, allein bereits im Monat August 1681 ließ der Kurfürst 50 Trabanten und im Januar 1685 die gesammte Trabanten-Leibgarde zu Roß in Dresden einquartieren.

Hatten nun auch die eigentlichen Quartierstände, statt mit der wirklichen Einquartierung belegt zu werden, ein Aequivalent an Geld zu entrichten, welches zu Bezahlung der Quartiere verwendet werden sollte, so führte doch diese Einquartierung der Trabanten-Leibgarde zu Roß in Dresden zu vielfältigen, von Jahr zu Jahr sich erneuernden Differenzen mit dem Magistrat und der Bürgerschaft

Nichts destoweniger verblieb es bei der getroffenen Bestimmung und die Trabanten-Leibgarde zu Roß behielt hinfort ihre Garnison zu Dresden.

Im Herbst 1683 begleitete die Trabanten-Leibgarde den Kurfürsten auf dem Zuge zum Entsatze von Wien, sowie im Jahre 1688 und in den folgenden Jahren in die Campagne am Rhein.

Am 17. (27.) Mai 1698 wurde im Feldlager zu Ryffelsheim dem Obristen Rudolph von Neitzschitz, welcher bereits 1682 am 7. Januar den Charakter als General-Wachtmeister erhalten hatte, das Kommando über die Trabanten-Leibgarde zu Roß genommen[53]).

Interimiſtiſch erhielt daſſelbe der Obriſt-Lieutenant Janko Sajatowitz, allein 1689, am 28. Auguſt, beſtallte der Kurfürst den Grafen Georg Lorenz Hofkirch, in Konſideration der in Kaiserlicher Majestät Kriegsdiensten bei vielen occasionen bezeigten löblichen Conduite, zum General-Wachtmeister der Kavallerie, sowie zum Obristen über die Trabanten-Leibgarde zu Roß.

Nach wenigen Monaten trat jedoch Graf Hofkirch in kaiserliche Kriegsdienste zurück, und es wurde nunmehr unter dem 1. Mai 1690 der Obrist-Lieutenant Janko Sajatowitz wegen seiner Kriegserfahrenheit und bei vielen Rencontren erwiesenen Tapferkeit, sowie in Ansehung seiner lange Zeit geleisteten treuen Dienste, zum Obristen über die Trabanten-Leibgarde zu Roß bestallt und angenommen[54]).

---

[53]) Der Entlassung des General-Wachtmeisters von Neitzschitz scheinen ausschließlich persönliche Verhältnisse zu Grunde gelegen zu haben.

Nach dem, auch im Felde geführten, Hofmarschallamts-Journale erhielt der General-Wachtmeister von Neitzschitz Vormittags am 17. (27.) Mai 1689 durch den Kriegs-Sekretär Landsberger eine Ordre eingehändigt, darin ihm das Kommando über die Garde genommen und dem Obrist-Lieutenant Sajatowitz gegeben wurde.

Abends brachten ein Korporal und zwei Trabanten die Standarte aus des General-Wachtmeisters Quartier zum Obrist-Lieutenant Sajatowitz.

Der General-Wachtmeister von Neitzschitz scheint übrigens, wenn auch ohne Anstellung, bei der Armee geblieben zu sein. Mindestens berichtet das eben erwähnte Hofmarschallamts-Journal, daß am 3. (13.) Juli die beiden Prinzen in Ryffelsheim beim General-Wachtmeister von Neitzschitz Mittags zu Gaste gewesen seien.

Nach dem Regierungsantritte des Kurfürsten Johann Georg IV. wurde Rudolph von Neitzschitz (1692 am 9. Januar) General-Lieutenant zu Roß und Kommandant der Landvölker an Ritterpferden und Defensionern, sowie 1693 am 24. Dezember Obrist über die Garde-Grenadiers à cheval.

1694 nach dem Ableben des Kurfürsten Johann Georg IV. trat Rudolph von Neitzschitz in Pension. Er starb 1703 am 22. April.

[54]) Obrist Janko Sajatowitz erhielt den Hofrang unter den Ober-Hofbeamten und zwar zunächst dem Ober-Jägermeister von Erdmannsdorff.

## V. Die Trabanten-Leibgarde zu Roß.

Die hierdurch erledigte Obrist-Lieutenantsstelle erhielt im August 1690 der Hofmarschall Carl Gottfried Bose.

Zu Heilbronn verschied am 12. September 1691 Kurfürst Johann Georg III.

Kurfürst Johann Georg IV. verstärkte sofort nach seinem Regierungsantritte die Trabanten-Leibgarde um 50 Trabanten und theilte dieselbe in zwei Kompagnien, so daß, unter verhältnißmäßiger Erhöhung des Etats der Offiziere und Unteroffiziere, jede der beiden Kompagnien nunmehr 100 Trabanten in vier Korporalschaften zählte. Das Offizier-Korps wurde vollkommen neu gebildet.

Am 12. (22.) Dezember, dem Tage nach der zu Freiberg erfolgten Beisetzung des Kurfürsten Johann Georg III., begab sich der Kurfürst auf den Schießplan daselbst, wo die Trabanten-Leibgarde zu Roß aufgestellt war, dankte den Obristen Sajatowitz[55]), sowie den Obrist-Lieutenant Hofmarschall Bose ab und stellte den General-Lieutenant der Kavallerie Otto Christian Grafen Zinzendorff als Obristen, sowie den jungen Schöning als Obrist-Lieutenant vor[56]).

Das Erforderniß für die Trabanten-Leibgarde zu Roß, welche der Kurfürst vom 1. Januar bis 31. Dezember 1692 aus der Scatulla, dann aber wieder aus dem Kriegszahlamte verpflegen ließ, betrug nunmehr monatlich: 3654 Thaler und 16 Groschen.

---

[55]) Obrist Janko Sajatowitz, ein geborner Kroat, war mit der Kroaten-Leibkompagnie des Kurfürsten Johann Georg II. nach Sachsen gekommen und hatte dann, ehe er zur Trabanten-Leibgarde zu Roß versetzt wurde, bei dem kurprinzlichen Regiment zu Roß gedient.

Als er bei der neuen Formation der Trabanten-Leibgarde seine Stellung verlor, verlieh ihm der Kurfürst unter dem 24. November 1691 eine Pension von monatlich 100 Thalern, welche ihm Kurfürst Friedrich August unter dem 11. Juni 1694 bestätigte.

In dem Fourierzettel für die Campagne im Jahre 1700 ist er unter den General-Adjutanten des Königs aufgeführt.

Vom Abschlusse seines Lebenslaufes hat sich keine Nachricht erhalten.

[56]) Otto Christian Graf und Herr zu Zinzendorff und Pottendorff, zu Gauernitz ꝛc., geb. 1661, 29. August, erscheint zuerst in sächsischen Kriegsdiensten im Jahre 1681, als Hauptmann beim Leib-Regiment zu Fuß. 1684 war er Obrist-Lieutenant beim Minckwitz-Dragonerregiment, 1686 erhielt er während der ungarischen Campagne das Infanterie-Regiment von Löben als Obrist, 1689 27. August (6. September) wurde er General-Wachtmeister und 1692 im Januar General-Lieutenant der Kavallerie, sowie Obrist der Trabanten-Leibgarde zu Roß.

Boguslaus von Schöning, Johanniter-Ritter und Obrist-Lieutenant bei der Trabanten-Garde zu Roß, geb. 4. Oktober 1669, war der Sohn des General-Feldmarschalls von Schöning.

Bei Gelegenheit der Vermählung des Prinzen Friedrich August im Januar 1693 erschien auch die Trabanten-Leibgarde zu Roß, welche rothe, reich mit Gold verzierte Uniform trug, in dem feierlichen Aufzuge und es führte bei dieser Gelegenheit die erste mit Schimmeln berittene Kompagnie der General-Lieutenant Graf Zinzendorff, die zweite mit Rappen berittene Kompagnie der Obrist-Lieutenant von Schöning.

Nach den Tabellen über eine April 1693 stattgehabte Musterung war damals die Formirung der Trabanten-Leibgarde zu Roß nachfolgende:

### 1. Kompagnie (mit Schimmeln beritten).

Obrister: General-Lieutenant Graf von Zinzendorff,
Obrist-Wachtmeister: Georg Friedrich Spiegel,
Rittmeister: Nicolaus Gotthard von Wehlen,
Lieutenant: Friedrich Otto von Karstädt,
„ Johann von Rauchhaupt,
Cornet: Adam Heinrich Pflugk,
Wachtmeister: von Auerswald,
1 Quartiermeister, 5 Korporale, 1 Musterschreiber, 1 Feldscheer (Tobias Fiedler), 1 Heerpauker, 4 Trompeter, 1 Fahnenschmied, 1 Fahnensattler, 1 Hofprofos, 120 Trabanten in 5 Korporalschaften.

### 2. Kompagnie (mit Rappen beritten).

Obrist-Lieutenant: Boguslaus von Schöning,
Rittmeister: Georg Heinrich von Carlowitz,
„ Adam Markloffski,
Lieutenant: Heinrich Gottlob von Zedlitz,
„ Otto Pflugk,
Cornet: Hans Georg von Schauroth,
Wachtmeister: Gottlob von Köckritz,
5 Korporale, 1 Musterschreiber, 1 Feldscheer, 2 Trompeter, 1 Fahnenschmied, 1 Fahnensattler, 120 Trabanten in 5 Korporalschaften.

Kurfürst Friedrich August, welcher am 23. April 1694 seinem unerwartet im sechsundzwanzigsten Lebensjahre dahingeschiedenen Bruder, dem Kurfürsten Johann Georg IV. in der Regierung folgte, beließ zunächst die Trabanten-Leibgarde zu Roß in der eben erwähnten Zusammensetzung, und noch zur Zeit seiner Wahl zum König von Polen bestand dieselbe, unter dem Kommando des General-Lieutenants Grafen Zinzendorff, in den beiden mit Schimmeln und mit Rappen berittenen Kompagnien, jede zu 120 Trabanten.

## V. Die Trabanten=Leibgarde zu Roß.

Nur unter dem Offizier=Korps trugen sich im Verlaufe der Jahre mehrfache Veränderungen zu.

Obrist=Lieutenant Spiegel, welcher, an die Stelle des im Mai 1693 verstorbenen Obrist=Lieutenants von Schöning getreten war, blieb am 16. (26.) August 1696 in der Schlacht an der Bega in Ungarn, wohin die Trabanten=Leibgarde in den Campagnen der Jahre 1695 und 1696 den mit dem Ober= befehl der Armee betrauten Kurfürsten Friedrich August begleitet hatte.

Unter dem 6. (16.) Februar 1697 ernannte hierauf der Kurfürst den Obristen Adolph Haubold von Reibold zum zweiten Obristen, den Kammerherrn Abraham Gotthard von Pentzig zum Obrist= Lieutenant und die Obrist=Wachtmeister Christian Ernst Trützschler und Moritz Friedrich von Milkau zu Obrist=Wachtmeistern bei der Garde du Corps, und ist gedachte Ordre vom 6. (16.) Februar 1697, welche diese Beförderungen kund giebt, deshalb noch von besonderem Interesse, weil in derselben zum ersten Male für die Leib= Trabantengarde zu Roß der Ausdruck Garde du Corps gebraucht wird. Beides kommt nun abwechselnd vor, allein vorherrschend blieb zunächst noch Leib=Trabantengarde und erst mehrere Jahre später gelangte die Bezeichnung als Garde du Corps ausschließlich in Aufnahme[57]).

Der gemeine Reuter der Garde du Corps ist jedoch Trabant genannt worden, so lange die Garde du Corps bestanden hat.

Im Jahre 1697, als nach dem Tode des Königs Johann Sobieski, Kurfürst Friedrich August in die Reihe der Bewerber um die polnische Königskrone trat, berief derselbe, in Voraussicht der zu erwartenden politischen Verwicklungen, unter dem 22. April (2. Mai) 1697, als General der Kavallerie einen bewährten Kriegs= mann, den Grafen Siegmund Joachim Trauttmansdorff[58]) aus kaiserlichen in sächsische Kriegsdienste.

Verletzt durch diese Ernennung begehrte Graf Zinzendorff seine, unter gnädigen Ausdrücken am 10. Juni ihm ertheilte Ent=

---

[57]) Noch in einer Ordre aus dem Januar 1701 wird in ein und demselben Schriftstücke abwechselnd der Ausdruck „Leib=Trabantengarde zu Roß" und „Garde du Corps" gebraucht.

[58]) Graf Trauttmansdorff hatte schon von 1662 bis 1686 als General= Wachtmeister der Kavallerie im sächsischen Dienste gestanden, denselben aber 1686 nach der Campagne in Ungarn, wegen Zerwürfnissen mit dem General=Lieutenant Herzog von Sachsen=Weißenfels, wieder verlassen.

lassung⁵⁹), worauf der Kurfürst dem Grafen Trauttmansdorff die Trabanten-Leibgarde zu Roß als Obristen und bald darauf auch das durch das Ableben des Feldzeugmeisters Grafen Reuß erledigte Kürassier-Regiment (das jetzige Garbereiter-Regiment) verlieh.

Unter den Befehlen des Grafen Trauttmansdorff marschirte im Juni 1697 die gesammte im Lande stehende Kavallerie nach Polen.

In Sachsen blieben von der Trabanten-Leibgarde zu Roß zurück: 1 Lieutenant von Zeblitz, 4 Unteroffiziere und 40 Trabanten⁶⁰).

Die Königswahl erfolgte am 17. (27.) Juni, worauf der Kurfürst über Görlitz und Breslau sich nach Tarnowitz begab, wo er am 26. Juni (6. Juli) eintraf. In der Nacht darauf, nachdem General-Lieutenant Baron Rosen im Geheimen voraus gegangen, reiste der Kurfürst wieder ab und nahm Niemand mit sich, als zwei Offiziere von den reutenden Trabanten: den Major von Milkau und den Rittmeister von Wehlen.

Die Hofstatt blieb in Tarnowitz und es wurde die Fiktion aufrecht erhalten, der Kurfürst befinde sich ebenfalls daselbst.

Der Kurfürst-König kehrte am 30. Juni (10. Juli) nach Tarnowitz zurück, wo er bis zum 16. (26.) Juli verblieb, um sich sodann am 20. (30.) Juli nach dem Lustschlosse Lobzow bei Krakau zu begeben.

Der feierliche Einzug in Krakau fand erst am 12. September statt.

Der König erschien hierbei zu Pferde in einem reichen Gewande von Drap d'or mit Hermelin verbrämt. Die Kleidung des

---

⁵⁹) Graf Zinzendorff trat später wieder in Aktivität. Er wurde General-Feldzeugmeister und 1701 am 15. Januar, nach dem Tode des Generals von Birkholz, Gouverneur von Dresden.

Diesen Posten trat er jedoch im Jahre 1708 dem General Grafen Flemming ab.

Er starb, ohne Nachkommen zu hinterlassen, zu Gauernitz am 18. Juli 1718.

⁶⁰) Im folgenden Jahre ward das in Sachsen stehende Kommando verringert auf 1 Lieutenant, 1 Korporal und 25 Trabanten.

Diese Abtheilung blieb, unberührt von allen Wandlungen, welchen die Trabanten-Leibgarde in den folgenden Jahren unterworfen war, in Sachsen stehen, wahrscheinlich um den Dienst als Leibwache bei der Person des jungen Kurprinzen zu versehen.

Die Verpflegung derselben erfolgte nicht wie bei der in Polen stehenden Trabanten-Leibgarde aus der Feld-Kriegskasse, sondern direkt aus dem General-Kriegszahlamte, und noch im Verpflegungs-Etat vom 1. Januar 1705 findet sich diese Abtheilung unter der Bezeichnung „Leib-Trabantengarde" abgesondert von der „Garde du Corps", aufgeführt.

## V. Die Trabanten=Leibgarde zu Roß.

Königs, sowie Sattel und Zeug des isabellfarbenen Hengstes, welcher den König trug[61]), waren reich mit Juwelen besetzt.

Vor dem König ritt der Kronmarschall Fürst Lubomirski, hinter dem König folgten zu Pferde Graf Stanislaus Dönhoff als Obrist der polnischen Garde, Graf Trauttmansdorff als Obrist über die teutsche Leib=Garde zu Pferde und der Ober=Kämmerer Pflugk.

Der Ober=Stallmeister von Thielau und der Trabanten=Hauptmann Pflugk hielten sich zur Seite des Königs und den feierlichen Aufzug schlossen die Trabanten=Leibgarde zu Pferde und das Leib=Regiment Küraßiere[62]).

Auch bei dem Einzuge in Warschau 1698 am 2. (12.) Januar, sowie bei dem Einzuge in Danzig 1698 am 8. März begleitete die Leib=Trabantengarde zu Roß den König.

Im Mai des Jahres 1698 verlieh der König dem Grafen Trauttmansdorff als Obristen über die Leib=Garde zu Roß und zugleich dem General Cuno Christoph von Birkholz als Obristen über die Leib=Garde zu Fuß den Rang als General=Feldzeugmeister. Allein bald darauf sah sich der König durch das Andringen der Polen genöthigt, den Grafen Trauttmansdorff seiner Stelle als Oberst der Trabanten=Leibgarde zu Pferde zu entheben.

Die Anwesenheit deutscher Truppen in Polen gab nämlich fortdauernd Anlaß zur Unzufriedenheit der Polen, und als schließlich der Reichstag bewilligte, daß Se. Majestät außer den beiden Regimentern Garde zu Fuß, König und Königin, auch 1200 Mann Garde zu Pferde in Polen behalte, forderte man doch, daß, der Wahl=Kapitulation entsprechend, der Kommandant der Garde ein Pole sei.

Zum Nachfolger des Grafen Trauttmansdorff ernannte in Folge dessen der König im September 1698 einen der Söhne des Königs Johann Sobieski, seines Vorgängers auf dem polnischen Throne, den Prinzen Alexander Sobieski.

Ueber die Vorgänge bei der Ernennung des Prinzen Alexander zum Obristen der Garde du Corps berichtet Prinz Jacob in einem polnisch geschriebenen Briefe: „Bei einem vom Palatin von Krakau veranstalteten Festmahle zerbrach der König in einer Laune des

---

[61]) An anderer Stelle wird das Pferd des Königs als perlfarben oder auch als isabellfarbener Schimmel bezeichnet und der Ober=Stallmeister selbst nennt dasselbe Hermelin=Pferd.

[62]) In weißer Uniform, mit Rappen beritten.

Uebermuthes den Säbel des Prinzen Alexander. Als er bemerkte, daß dies unter den anwesenden Polen einen sehr üblen Eindruck hervorrief, zerbrach er seinen eignen Säbel ebenfalls und sub sequente die übersendete er dem Prinzen Alexander einen reich verzierten Säbel nebst der Charge als „Colonel des gardes du corps".

In den Verlauf der Kommandoführung durch den Prinzen Alexander Sobieski fällt eine mit erheblicher Erhöhung des Etats verbundene Aenderung der Formation der Trabanten-Leibgarde zu Roß.

Unter dem 1. Mai 1699 befahl nämlich der König, den Bestand der Garde, meist durch Abgaben aus den Kavallerie-Regimentern, von zwei Kompagnien auf vier Eskadrons, jede Eskadron zu drei Kompagnien, oder Brigaden zu bringen[68]).

Jede der vier Eskadrons hatte sich mit Pferden von gleicher Farbe beritten zu machen und führten die Eskadrons von der Farbe ihrer Pferde die Bezeichnung als Eskadron der Schimmel, der Rappen, der Schwarzbraunen und der Lichtbraunen.

Der Etat der Trabanten-Garde war nunmehr folgender.

Zum ganzen Korps gehörten:

    1 Adjutant, 1 Ober-Auditeur, 1 Feldprediger, 1 Pauker, 1 Profos.

Jede der vier Eskadrons wurde von einem Stabsoffizier befehligt, und zwar:

    die Eskadron der Schimmel vom Obristen Prinzen Alexander selbst; die Eskadron der Rappen vom Obrist-Lieutenant von Pentzig; die Eskadron der Schwarzbraunen vom Obrist-Wachtmeister von Zenge; die Eskadron der Lichtbraunen vom Obrist-Wachtmeister von Rothe.

Es standen bei jeder der vier Eskadrons:

    3 Rittmeister, 3 Lieutenants, 1 Cornet, 1 Quartiermeister, 1 Feldscheer, 3 Wachtmeister, 9 Korporale, 6 Trompeter, 1 Fahnen-Sattler, 1 Fahnen-Schmied, 135 Trabanten.

---

[68]) Die Bezeichnungen Eskadron, Kompagnie, Brigade wurden damals in sehr verschiedenartigem Sinne gebraucht. Bald hatte eine Eskadron mehrere Kompagnien, bald, mindestens bei der Garde du Corps, die Kompagnien mehrere Eskadrons.

Brigade war meist eine, von einem Rittmeister kommandirte Unterabtheilung der Kompagnie oder Eskadron, scheint aber in diesem Sinne ebenfalls nur bei der Leib-Garde zu Pferd gebräuchlich gewesen zu sein.

## V. Die Trabanten-Leibgarde zu Roß.

Der monatliche Aufwand für die Trabanten-Leibgarde zu Roß betrug nunmehr 8275 Thaler.

Noch in den Monatslisten der Garde du Corps vom Januar 1700 findet sich als Obrist verzeichnet: Prinz Alexander.

Allein noch während des Monats Januar erhielt an seiner Stelle der General-Lieutenant Carl Gustav Jordan[64] das Kommando der Garde zu Pferd.

Unter dem 1. Mai 1700 erfolgte eine Erhöhung des Etats von 135 auf 150 gemeine Trabanten bei jeder Eskadron und am 18. Mai 1700 verordnete der König, daß bei der Garde zu Pferd, sowie beim Korps der Grands Mousquetaires den Rang haben sollten:

der Obriste als Generalmajor,
der Major als Obrister,
der Rittmeister als Obrist-Lieutenant,
der Lieutenant als Major,
der Cornet als Rittmeister.

Im Juli desselben Jahres stand die Garde mit vor Riga; am 22. Juli erließ der König folgende, vom General Patkul gegengezeichnete Ordre an den General-Feldmarschall von Steinau: Wir haben vor gut befunden, Unsere Garde du Corps hiermit an eure Ordre und Disposition, so lange dieselbe allhier im Felde steht, zu verweisen, doch solcher Gestalt, daß dieselbe von Ritten und Wachten, insoweit als bräuchlich befreit sein möge.

---

[64] Carl Gustav Jordan, zuvor Obrist-Lieutenant in schwedischen Diensten, trat 1693 am 3. Februar als Obrist über ein Regiment zu Fuß in sächsische Dienste. Im Anfang des Jahres 1697 wurde er General-Wachtmeister und 1699 am 2. September General-Lieutenant.

Der König verwendete ihn vielfach zu diplomatischen Aufträgen und namentlich befand er sich längere Zeit als Gesandter zu Paris.

General-Lieutenant Carl Gustav Jordan verließ am 1. August 1705 den sächsischen Dienst, um als General-Feldzeugmeister in Braunschweig-Wolfenbüttel'sche Dienste zu treten.

Generalmajor Reinhold Wilhelm Jordan, wahrscheinlich ein Bruder des General-Lieutenants Carl Gustav Jordan, wird häufig mit letzterem verwechselt.

Reinhold Wilhelm Jordan befehligte die Dragoner-Regimenter, welche im Herbst 1706 den nach Sachsen einbrechenden Schweden sich bei Löbau entgegenstellten. Bei dem ersten Zusammentreffen wurde General Jordan von dem Anführer der schwedischen Vorhut, dem Obristen Görtz, einem aus sächsischen Diensten desertirten Abenteurer, im persönlichen Handgemenge so schwer verwundet, daß er wenige Tage darauf verschied.

## VI. Garde du Corps.

Die Garde du Corps nahm an dem Feldzug an der Düna theil.

Die sächsischen Truppen bezogen nach demselben Winterquartiere, welche der Garde du Corps in den Oekonomien Brescz, Kobrin, Grodno und Marienburg angewiesen wurden.

Auch im Frühjahr und Sommer des folgenden Jahres blieb die Garde zu Pferde in Polen und stand noch daselbst, als der König durch ein Reskript vom 1. August 1701 eine abermalige Umgestaltung der Formirung der Garde du Corps auf durchaus neu geschaffener Grundlage anordnete.

Es sollte nämlich nunmehr die Garde du Corps bestehen: aus vier vollständig von einander unabhängigen Kompagnien, deren Capitains Generale waren.

Der Entwurf zu dieser Formirung der Garde du Corps besagt wörtlich Folgendes:

Zur Capitains-Charge bei der Garde du Corps kann Niemand gelangen, als nur ein General.

Die vier Kompagnien dieser Garde du Corps sollen keine Dependenz eine von der andern haben, sondern ein jeder Capitain kommandirt seine Kompagnie à part und sie haben keinen andern Chef oder Obristen als den König.

Wenn die Kompagnien beisammen stehen, sind sie an die Ordre des ältesten Capitains gewiesen, welcher zugegen sein wird. Dieser Capitain hat in Abwesenheit des Königs die Ordre zu empfangen von dem kommandirenden General der Armee, wenn einer allda ist, der höheren oder älteren Rang hätte, als er.

Bei vorfallender occasion haben sie den poste d'honneur.

Sie bestellen keine Feldwachten, geben auch keine Kommandirte zu den Parteien. Sie haben die Wahl von allen Quartieren.

Auch haben sie keinen andern Richter als den König, oder wen derselbe dazu denominirt.

Denen Offizieren von der Garde du Corps wird ihr Rang nach ihrer ancienneté vorbehalten, ob sie gleich ein minderes Prädikat führen, als ihr Rang mit sich bringt.

Der Capitain kann Niemand abdanken oder annehmen ohne

Vorwissen des Königs. Wer vom Korps seine Demission sucht, hat es durch einen Capitain beim König anbringen zu lassen.

Zu Capitains der vier Kompagnien der Garde du Corps ernannte der König:

den General der Kavallerie Jacob Heinrich Grafen Flemming,
den General-Lieutenant Carl Gustav Jordan,
den General-Lieutenant Walther Heinrich von Tiesenhausen[65]),
den Generalmajor Gustav Ludwig von Reichenau[66]).

Jede Kompagnie bestand aus zwei von Capitain-Lieutenants mit Obristen-Rang befehligten Brigaden, und jede Brigade aus zwei, von Lieutenants mit Obrist-Lieutenants-Rang befehligten Sous-Brigaden.

Die Projekte zu Festtellung des Bestandes der Kompagnien wechselten mehrfach, schließlich war der Etat folgender:

1 Capitain (General), 2 Capitain-Lieutenants (Obristen), 4 Lieutenants (Obrist-Lieutenants), 4 Sous-Lieutenants (Majors), 2 Cornets (Majors), 8 Brigadiers (Rittmeister), 8 Sous-Brigadiers (Lieutenants), 12 Korporals (mit Cornets-Rang), 200 Gardes oder Trabanten, 4 Trompeter, 2 Fahnen-Sattler, 2 Fahnen-Schmiede.

Der kleine Stab:

1 aide-major, 1 Feldscheer, 1 Auditeur, 1 Pauker.

Hierüber beim ganzen Korps:

1 Major, 1 Prediger, 1 Profos.

Als Rekrutirungs- und Remontegelder erhielt jeder Capitain für die Kompagnie jährlich 1800 Thaler, und war derselbe dagegen schuldig, die Kompagnie an Mann und Pferd komplet zu halten, ohne der Mannschaft weder für Pferd und Montur, noch für Regimentsunkosten, oder unter welchem Prätext es sonst sei, einen Abzug zu machen. Das Gewehr gab der König.

---

[65]) Walther Heinrich von Tiesenhausen trat als General Lieutenant der Kavallerie in sächsische Dienste 1699 am 18. (28.) Oktober, denselben Tag, an welchem der Marquis de la Forest zum General der Kavallerie ernannt worden war.

[66]) Generalmajor von Reichenau war als Obrist eines vom Herzog von Sachsen-Gotha dem Könige überlassenen Kavallerie-Regiments, in sächsische Dienste gekommen.

Die Ober-Offiziere, Brigadiers und Sous-Brigadiers hatten sich die Pferde selbst zu schaffen und zwar von der Couleur und Größe, wie der König es bestimmen werde. Pferde, die vor dem Feinde verloren gingen, ersetzte der König.

Die Pferde der simples gardes oder Trabanten sollten 11 Viertel hoch und mit der Zeit bei jeder Kompagnie von gleicher Farbe sein.

Die Montur, roth mit lederfarbener Doublüre, sowie die Schabracken gab der König für die Brigadiers, Sous-Brigadiers und Trabanten alle zwei Jahre.

Die Unteroffiziere und Trabanten erhielten die Fourage für ihre Pferde, frei Obdach, Service und zu ihrem Unterhalt eine Löhnung, welche für den Trabanten 5 Thaler, für die Brigadiers, Sous-Brigadiers, Korporals und Trompeter verhältnißmäßig mehr betrug.

Zur Formirung der neuen Garde du Corps befahl der König zu verwenden:

Die bisherigen vier Eskadrons der Trabanten-Leibgarde zu Roß, sowie die in dem Jahre 1698 beziehentlich 1699 errichteten Grands-Mousquetaires, Karabiniers und Grenadiers à cheval.

Jede Brigade führte ihre eigene Estandarte. Es befanden sich in Folge dessen bei den vier Kompagnien der Garde du Corps acht Estandarten und bei jeder Kompagnie zwei Cornets.

Durch Dekret vom 20. Januar 1702 rief hierauf der König eine neue Charge ins Leben, indem er den königlich polnischen Kron-Oberkämmerer Georg Dominik Fürsten Lubomirski[67]) zum Général de la maison du Roi, mit dem Rang eines General-Lieutenants, erklärte. „Pour mieux entretenir le bon ordre entre tous les corps de la garde", sollte der Général de la maison, nächst dem Könige, sämmtliche Leib-Garden befehligen.

Noch im Verpflegungsaufsatz vom 1. Mai 1703 erscheint der Général de la maison du Roi mit einem jährlichen Gehalte von 8000 Thalern aufgeführt, dann aber verschwindet die Charge wieder aus den Verzeichnissen.

---

[67]) Georg Dominik Fürst Lubomirski war der Gemahl der Ursula Catharine geb. von Bockum (geb. 1680 am 25. November), später Fürstin von Teschen und Mutter des Chevalier de Saxe. Im Jahre 1722 vermählte sie sich mit Friedrich Ludwig Prinzen von Württemberg und starb 1743.

Georg Dominik Fürst Lubomirski vermählte sich zum zweiten Male mit Magdalene Therese Tarlo, des Woiwoden von Lublin Tochter.

## VI. Garde du Corps.

Im Juni 1702 war die Garde du Corps, laut einer vom 14. Juni datirten Nachricht, gleich sämmtlichen Kürassier- und Dragoner-Regimentern, im Marsche zu der bevorstehenden Campagne begriffen und am 19. Juli nahm dieselbe theil an der verhängnißvollen Schlacht von Clissow, in welcher die sächsische Armee, namentlich jedoch die Kavallerie, die empfindlichsten Verluste erlitt.

Ohne Zweifel war dies auch die Veranlassung, daß noch im Herbst desselben Jahres 1702 der König die Garde du Corps vollständig auflösen oder, nach dem damals gebräuchlichen Ausdruck, reduziren und in Kürassier-Feldregimenter umwandeln ließ.

Es wurden damals nämlich aus den vier Kompagnien der Garde du Corps und den je in zwölf Kompagnien bestehenden sechs Kürassier-Regimentern: Leib-Regiment, Königin, Kurprinz, Feldmarschall Steinau, Reinhold Wilhelm Jordan und Eickstädt, elf Kürassier-Regimenter, jedes zu acht Kompagnien, geschaffen.

Zu diesem Ende hatten die sechs Kürassier-Regimenter zusammen 24 Kompagnien, jedes Regiment also vier Kompagnien, abzugeben.

Aus acht dieser Kompagnien wurde ein, dem General-Lieutenant von Beust verliehenes Regiment formirt[68]), von den übrigen 16 Kompagnien stieß man je vier Kompagnien zu einer der Garde du Corps-Kompagnien.

Indem nun eine jede der vier Sous-Brigaden, welche eine Garde du Corps-Kompagnie bildeten, an Mannschaft und Pferden eben so stark war, als eine Kürassier-Kompagnie, so erhielt man, nach Zusammenstoßung der vier Kürassier-Kompagnien mit einer Garde du Corps-Kompagnie, ein Regiment von acht gleich starken Kompagnien und demnach aus den vier Kompagnien der Garde du Corps, nebst den abgegebenen 16 Kürassier-Kompagnien, vier neue Kürassier-Regimenter[69]).

---

[68]) General-Lieutenant von Beust hatte zu Lebzeiten des Kurfürsten Johann Georg IV. das Regiment Prinz Friedrich August befehligt.

Dieses Regiment, seit 1694 Kurfürstin, wurde 1697 mit dem kurfürstlichen Leib-Regiment zusammen gestoßen.

Später hatte dann General-Lieutenant von Beust ein eignes Kürassier-Regiment erhalten, dasselbe war aber im Oktober 1700 Regiment Königin-Kürassier benannt worden.

[69]) In gleicher Weise wurden durch Abgaben von je vier Kompagnien der Dragoner-Regimenter mehrere neue Dragoner-Regimenter formirt.

Zu Chefs dieser Regimenter bestimmte der König die bisherigen Capitains der Garde du Corps-Kompagnien, also die Generale Jacob Heinrich Flemming, Carl Gustav Jordan, Tiesenhausen und Reichenau, während das Kommando bei denselben, als Obristen der Regimenter, Capitain-Lieutenants von der Garde du Corps erhielten, und zwar:

Chassan beim Regiment Flemming,
St. Paul beim Regiment Jordan,
Lubienski beim Regiment Tiesenhausen,
Friedrich Wilhelm von Kyau beim Regiment Reichenau.

An die Stelle der Garde du Corps trat die damals neu ins Leben gerufene Garde der Chevaliers, zu deren Capitain-Lieutenant der König den Generalmajor Grafen Lagnasco ernannte.

Allein bereits im folgenden Jahre, unter dem 30. Juli 1703, ließ der König, neben der Chevaliers-Garde, anderweit eine Garde zu Pferd errichten, deren Formirung jedoch vor dem 1. November nicht beendet war.

Das Kommando über diese neue Garde zu Pferd gab der König dem General-Lieutenant Carl Gustav Jordan.

Dieselbe bestand aus vier Korps: einem Korps Karabiniers, befehligt vom General-Lieutenant Jordan selbst, einem Korps Trabanten, befehligt vom Obristen Friedrich Wilhelm von Kyau, einem Korps Grenadiers à cheval, befehligt vom Generalmajor St. Paul und einem Korps Dragoner, befehligt vom Obristen Burkhard Wrangel, an dessen Stelle bald darauf, als Obrist Wrangel ein Dragoner-Regiment erhielt, Obrist Bogoslaus Lubienski trat.

Die Mannschaften zur Formirung der beiden Korps der Karabiniers und Trabanten entnahm man den im Herbst des verflossenen Jahres errichteten Kürassier-Regimentern Jordan und Reichenau[70]). Letztere wurden nämlich vollständig reduzirt und die Schimmel-Kompagnie des Regiments Jordan, sowie die Rappen-Kompagnie des Regiments von Reichenau, welche ehedem bereits die Schimmel- und die Rappen-Kompagnie der Garde du Corps gebildet hatten, kamen nun als Korps der Karabiniers und

---

[70]) Generalmajor Gustav Ludwig von Reichenau, der Chef dieses Regiments, trat in den Ruhestand und ertrank bald darauf in der Elbe beim Uebersetzen mit der Fähre bei Loschwitz.

## VI. Garde du Corps.

der Trabanten wieder zur Garde zu Pferd [71]), während man die Mannschaft der übrigen Kompagnien beider Regimenter unter die Kürassier-Regimenter vertheilte [72]).

Das dritte Korps, die Grenadiers à cheval, sowie das vierte Korps, die Dragons de la Garde, ließ der König aus dem reduzirten Dragoner-Regimente Kurprinz formiren und da dasselbe nicht ausreichte, ergänzte man die ermangelnde Mannschaft aus den Przypkowski'schen Dragonern.

Jedes der vier Korps zählte drei Brigaden und der Etat eines Korps war in folgender Weise festgestellt:

1 Obrist, 1 Obrist-Lieutenant, 1 Major, 3 Rittmeister [73]), 3 Lieutenants, 1 Cornet, 3 Wachtmeister, 1 Quartiermeister, 12 Korporale, 1 Feldscheer, 1 Pauker, 6 Trompeter, 1 Schmied, 1 Sattler, 150 Gemeine.

Hierüber gehörten zum Stabe der Garde zu Pferd:

1 Ober-Auditeur, 1 Ober-Quartiermeister, 1 Adjutant, 1 Feldprediger, 1 Stabs-Feldscheer.

In diesem Bestande verblieb die neu errichtete Garde zu Pferd, für welche die Bezeichnung als Garde du Corps bald wieder die gebräuchliche wurde, im Verlaufe der nächsten Jahre, trotz der vielfachen Projekte, welche zu ihrer anderweiten Organisation entworfen wurden.

Im Verlauf des Jahres 1706 fand die Garde du Corps Gelegenheit, sich im Felde hervorzuthun, indem sie am 29. Oktober,

---

[71]) Als erstes Korps der neuen Garde zu Pferd, welches der König selbst als Korps der Karabiniers oder als cornette blanche benannte, findet sich später stets das Korps der Trabanten und dagegen das zweite Korps als Korps der Karabiniers bezeichnet.

[72]) Während die Kürassier-Regimenter Jordan und Reichenau wieder reduzirt wurden, blieben die Regimenter Flemming und Tiesenhausen stehen.

Das Regiment Flemming verlieh der König im Jahre 1705 dem Fürsten Alexander Menzikoff und findet sich dasselbe in der Regel als Regiment Prinz Alexander bezeichnet; auch das fünfte der im Herbste 1702 errichteten Kürassier-Regimenter, das Regiment von Beust, blieb stehen und wurde 1714, nach dem Tode des Generals von Beust, dem Grafen Moritz von Sachsen verliehen.

Das Regiment Tiesenhausen erhielt im Jahre 1706, als General von Tiesenhausen den sächsischen Dienst verließ, der Obrist von Gersdorff.

[73]) Bei dem Korps der Grenadiers à cheval und der Dragoner hieß der Rittmeister Capitain und der Cornet Fähnrich. Auch hatten diese beiden Korps Tambours statt der Trompeter und hierüber 5 Hautbois.

vom König selbst geführt, wesentlich zum glücklichen Ausgange der Schlacht von Kalisch beitrug.

Unterdessen waren jedoch im September 1706 die Schweden in das fast gänzlich von Truppen entblößte Sachsen eingefallen, und hatten den Frieden von Altranstädt erzwungen, welcher dem beinahe siebenjährigen schwedischen Kriege ein Ende machte.

Im Herbste 1706 war in Sachsen nur eine Abtheilung der Garde du Corps anwesend, bestehend aus

> dem Obrist=Lieutenant von Wolffersdorff, dem Major Boblick, dem Rittmeister von Heimburg, 2 Lieutenants, 1 Wachtmeister, 3 Korporals, 2 Trompetern, 50 Gemeinen.

Dieselbe übernahm die Herrenwacht, als der König im Dezember 1706 nach Sachsen zurückkehrte und begleitete denselben auch im Januar 1707 nach Leipzig.

Die Garde du Corps verblieb zunächst noch in Polen und kehrte erst im Januar 1707 unter Kommando des Generalmajors St. Paul in die noch immer von den Schweden besetzte Heimath zurück, wo sie Quartiere im Meißnischen und Erzgebirgischen Kreise angewiesen erhielt.

Im Herbste des Jahres 1707, als die Schweden die sächsischen Lande, wo sie ein volles Jahr gestanden, verließen, verlegte man die Garde du Corps in die Umgegend von Dresden [74]), nachdem der König am 12. September 1707 anbefohlen hatte, die Garde du Corps zu rekrutiren, zu remontiren und überhaupt wieder in diensttüchtigen Stand zu setzen.

Die Formation in vier Korps blieb auch fernerhin aufrecht erhalten, allein die drei Korps der Karabiniers, der Grenadiers à cheval und der Dragoner wurden in Trabanten=Korps umgestaltet und die Mannschaften in gleicher Weise, wie die des ersten, bisher schon aus Trabanten bestehenden Korps, bekleidet und ausgerüstet.

Als Obristen befehligten die vier, nunmehr häufig auch als

---

[74]) Als Garnisonorte wurden der Garde du Corps angewiesen: Pirna, Dohna, Dippoldiswalde, Meißen, Wilsdruff, Nossen, Stolpen, Bischofswerda, Großenhain, Radeberg und Radeburg.

Die Mannschaften hatten sich selbst zu verpflegen. Die Fourage wurde vom Lande geliefert.

## VI. Garde du Corps.

Kompagnien bezeichneten Korps der fortan also wieder ausschließ=
lich aus Trabanten zusammengesetzten Garde du Corps:

das erste Korps: der General der Kavallerie Jakob
Heinrich Graf Flemming,

das zweite Korps: der Obrist Friedrich Wilhelm von Kyau,

das dritte Korps: der Generalmajor Claude Pierre de
St. Paul,

das vierte Korps: der Generalmajor Franz Joachim von
der Goltz.

Der Etat der Garde du Corps nach der Disposition vom 12. September 1707 war nachstehender:

Der Stab: General Graf Flemming als Kommandant, 1 Ober=Quartiermeister, 1 Ober=Auditeur, 1 Adjutant, 1 Prediger, 1 Ober=Feldscheer, 1 Pauker, 1 Ober=Profos.

Hierüber drei, bei den von den Generalen Graf Flemming, St. Paul und von der Goltz befehligten Korps aggregirt stehende Obristen:

Gottlob von Köckritz beim ersten Korps,

Joachim Bernhard von Kyau beim dritten Korps,

Jean Baptiste Filain beim vierten Korps.

Vier Korps: von denen jedes eine Estandarte führte, seinen eigenen Stab hatte und in drei, von Rittmeistern be=fehligte Brigaden, deren Stärke dem Bestande einer Kompagnie bei den Kavallerie=Regimentern entsprach, eingetheilt war.

Jedes Korps zählte:

1 Obristen, 1 Obrist=Lieutenant, 1 Major, 3 Rittmeister, 3 Lieutenants, 1 Cornet, 3 Wachtmeister, 1 Quartier=meister, 12 Korporale, 1 Feldscheer, 4 Trompeter, 1 Schmied, 1 Sattler, 1 Profos, 150 Trabanten.

Die Uniform der Garde du Corps war damals karmoisinroth mit lederfarbener Doublüre, das Koller von Elennhaut, der Mantel kar=moisinroth und die Schabracke blau mit auroraweißer Borde eingefaßt.

Bei Gelegenheit der nunmehr angeordneten neuen Anschaffung der Montirung erhielt jedoch die Garde du Corps paillefarbene Kragen und Aufschläge, an Stelle des Kollers von Elennhaut ein paillefarbenes Tuchkollet[75]) und statt der blauen, karmoisinrothe Schabracken.

Die Verzierungen bestanden aus Borden von schwarzem Sammet und Silber, die Knöpfe und Schnallen waren versilbert[76]).

Küraffe gehörten zur Armatur der Garde du Corps, jedoch scheinen dieselben nur selten angelegt worden zu sein.

Unter demselben 12. September 1707, an welchem der König das Retablissement der Garde du Corps anbefohlen hatte, erhielt auch der General Graf Flemming als Kommandant der Garde du Corps ein neues Ernennungsdekret, in deffen Eingang gesagt ist, daß der König zwar bereits unter dem 26. November 1705 das Kommando der Garde du Corps dem Grafen Flemming anvertraut habe, demselben aber nunmehr nochmals in Gnaden zum Kommandanten der Garde du Corps bestalle.

Dem gedachten Dekret ist ferner ein, gleichfalls vom 12. September 1707 datirtes und vom König unterzeichnetes Reglement für die Garde du Corps angefügt.

Der Sorge, das Retablissement der Garde du Corps zu bewerkstelligen, unterzog sich Graf Flemming selbst, gegen Auszahlung einer Summe von 100000 Kaisergulden, und um das Projekt der eigenen Wirthschaftsführung ins Werk zu setzen, vereinbarte der König unter dem 1. Juni 1708 mit dem Grafen Flemming eine Kapitulation, deren Bestimmungen der wirthschaftlichen Verfassung der Garde du Corps bis zum Jahre 1756 zu Grunde gelegen haben.

Bald nach vollendetem Retablissement der Garde du Corps brach der nordische Krieg von Neuem aus und der König ging im August 1709 mit einer Armee von 15000 Mann, unter denen sich auch die Garde du Corps befand, nach Polen.

Weder im Jahre 1709 noch im Jahre 1710 ereigneten sich jedoch wichtigere militärische Begebenheiten und der König kehrte, nachdem er bereits den Winter von 1709 zu 1710 in Dresden

---

[75]) Für das Kollet, welches in der Bedeutung von Weste oder Kamisol das Lederkoller zu ersetzen hatte, wählte man die paille Farbe, „weil dieselbe, dem äußeren Ansehen nach, der des Leders am ähnlichsten sei".

[76]) Die Trompeter trugen gelbe, bleu mourant aufgeschlagene Röcke, welche mit 100 Ellen Borden von bleu mourant Sammet mit Silbertreffen eingefaßt waren. Zu den Trompeter-Monturen wurde aus dem Hofmarschallamte ein Zuschuß gewährt.

verbracht hatte, auch am Schlusse des Jahres 1710 wieder nach Sachsen zurück.

Die Garde du Corps blieb jedoch in Polen.

Im Sommer des Jahres 1711 marschirte die Garde du Corps nach Pommern, wo die sächsische Armee unter den Augen des Königs an der Belagerung von Stralsund thätigen Antheil nahm und kehrte im Frühjahr 1712 nach Polen zurück, wo dieselbe die beschwerliche Aufgabe erwartete, bei Bekämpfung des Aufstandes der polnischen Konföderirten mitzuwirken.

Im Jahre 1715 empfing die Garde du Corps neue Bekleidung mit reich chamerirtem Lederwerk. An die Stelle des Silbers für die Knöpfe und Schnallen, sowie für die Treffen und sonstigen Verzierungen trat nunmehr Gold.

Auch erhielt die Garde du Corps bei dieser Gelegenheit, statt der bisherigen Campagne-Montur, einen Surtont von karmoisinrothem Tuch mit paillefarbenen Aufschlägen.

Ferner ist aus dieser Zeit zu erwähnen, daß der König, inhalts eines Dekretes d. d. 30. November 1714, Bestimmungen wegen eines, gegen die Offiziere der Feld-Regimenter erhöhten Ranges, für die Offiziere von der Garde du Corps erließ[77]).

Es erhielten nämlich die Obristen „den caracteur als Generalmajors von der Kavallerie", die Obrist-Lieutenants als „Obristen von der Kavallerie", und folglich sollten alle Offiziere von der Garde du Corps und der Chevaliers-Garde um einen Grad höher rangiren und „nach dem Alterthum ihrer caracteurs bei der Armeé rouliren und avanciren", jedoch ohne Erhöhung des bisherigen Traktaments.

Auch wurde bei dieser Gelegenheit eine bereits früher aus Anlaß gleicher Verhältnisse getroffene Anordnung wiederholt, daß die Offiziere nicht nach dem Range zu benennen seien, den sie bei der Armee einnahmen, sondern nach der wirklich von ihnen bekleideten Charge.

Im Anfang des Jahres 1716 ereignete sich im Kommando der Garde du Corps eine wichtige Veränderung, indem durch Vertrag vom 20. Februar 1716 der seit dem Jahre 1712 zum Feldmarschall ernannte Graf Flemming das Kommando der Garde du

---

[77]) Der höhere Rang, welche, vermöge der Bestimmungen vom 1. Mai 1700 und 1. August 1701, die Offiziere der Garde zu Pferd bekleideten, war, mindestens für die Subaltern-Offiziere, inhalts des Reglements für den General-Kommandanten Grafen Flemming, seit dem Jahre 1705 wieder in Wegfall gekommen.

Corps, unter Genehmhaltung des Königs, dem General-Lieutenant Johann Adolph Herzog von Sachsen-Weißenfels [78]) gegen ein Abtretungs-Quantum von 48000 Thalern überließ.

Das Patent für den Herzog als General-Kommandanten der Garde du Corps ist zwar erst unter dem 29. Juni 1717 ausgefertigt, jedoch alle auf die Garde du Corps bezüglichen Ordres finden sich bereits im Verlaufe des Jahres 1716 an den Herzog, als General-Kommandanten, gerichtet.

So ergingen auch unter dem 17. Dezember 1716 an den Herzog von Sachsen-Weißenfels die Befehle mit den näheren Bestimmungen für die Garde du Corps, als die sächsischen Truppen nach dem mit den polnischen Konföderirten abgeschlossenen Frieden in die Heimath zurückkehrten.

Dem Warschauer Vertrage und den constitutionibus zufolge, war der König berechtigt, 1200 Mann in sächsischer Verpflegung stehender Truppen in Polen zu behalten.

Zu diesen 1200 Mann [79]), über welche der König den Feldmarschall Grafen Flemming zum Kommandanten bestimmte, gehörten außer einer Abtheilung der Chevalier-Garde, dem Dragoner-Regiment Flemming [80]) und einer Artillerie-Abtheilung, auch acht Brigaden der Garde du Corps. Der Herzog erhielt deshalb Befehl, Sr. Liebden wolle seines Theiles sich darnach achten und die in Polen verbleibende Abtheilung der Garde du Corps anweisen, in Allem die Ordres vom General-Feldmarschall Grafen Flemming anzunehmen, ohne jedoch hierdurch den Gerechtsamen und Prärogativen der Garde du Corps bei der Armee zu präjudiziren.

---

[78]) In der Regel findet sich der Herzog, selbst offiziell, als Herzog von Weißenfels benannt. Die richtige Bezeichnung bis zu dem Zeitpunkte, wo er die Regierung in Weißenfels übernahm, also bis zum Jahre 1736, würde jedoch sein: Johann Adolph Prinz von Sachsen-Weißenfels, Herzog zu Sachsen. Er selbst zeichnete jedoch jederzeit: Johann Adolph Herzog zu Sachsen.

Nächst dem zu jener Zeit noch unvermählten Kurprinzen und dem zu Weißenfels regierenden, kinderlosen Herzoge, war Prinz Johann Adolph der nächste Anverwandte des Königs.

[79]) 2 Brigaden der Chevaliers-Garde . . . 120 Mann,
    8 Brigaden der Garde du Corps . . . 503 „
    das Dragoner-Regiment Flemming . . 503 „
    eine Artillerie-Kompagnie . . . . . . 74 „
                                    1200 Mann.

[80]) Graf Flemming überließ das Regiment im folgenden Jahre dem General von Baudissin. Im Jahre 1730 wurde dasselbe Karabiniers-Garde.

## VI. Garde du Corps.

Die in Polen unter Kommando des Generalmajors Filain zurückbleibende Abtheilung der Garde du Corps zu bilden, wurden von jedem der vier Korps zwei Brigaden bestimmt, während die anderen vier Brigaden im Frühjahr 1717 mit den übrigen Truppen nach Sachsen zurückmarschirten [81]).

Die Dispositionen wegen Verquartierung der vier nach Sachsen zurückgekehrten Brigaden unterlagen mehrfachen Veränderungen.

Anfangs wurden dieselben, gleich der gesammten übrigen Kavallerie, auf das Land, bereits im Sommer 1717 jedoch, um bessere Disziplin halten zu können, in engere Quartiere und zwar in die Städte Pirna, Dohna, Dippoldiswalde und Wilsdruff verlegt und die Rationen, statt der Lieferung in natura, mit 4 Thaler 12 Groschen pro Ration von den eigentlichen Quartierständen bezahlt.

Allein bei der damals herrschenden Theuerung war der Preis des Futters mit dem gewährten Aequivalent nicht zu bestreiten und im Herbst desselben Jahres 1717 verlegte man in Folge dessen die vier Brigaden der Garde du Corps von Neuem auf die Dörfer und ließ die Rationen wieder in natura reichen.

Hinsichtlich der Bekleidung ereignete sich im Jahre 1719 eine nicht unwesentliche Veränderung. Der Rock blieb zwar karmoisin=roth wie bisher und die Weste paillefarben, allein statt der paille Farbe für Kragen und Aufschläge, sowie statt der rothen Farbe für die Schabracken, wählte man die bleu mourant Farbe. Montur und Lederwerk waren mit goldenen Tressen reich besetzt.

Im Sommer des Jahres 1728 erhielten die bisher in Polen verbliebenen acht Brigaden der Garde du Corps Befehl, in die Heimath zurückzukehren und in Folge dessen stand vom 1. Oktober an die gesammte Garde du Corps wieder in Sachsen, worauf durch Ordre vom 27. Oktober der Herzog von Sachsen=Weißenfels, unter Vorbehalt des ihm verbleibenden Oberbefehls der Garde

---

[81]) Zeitweilig führte auch der Obrist bei der Garde du Corps, General-Lieutenant Graf Sapieha, das Kommando über die acht in Polen stehenden Brigaden. Im Wesentlichen blieb dasselbe aber in den Händen des Generalmajors Filain.

Als Letzterer im Jahre 1726 starb, erhielt, nachdem inzwischen auch Graf Sapieha den Abschied genommen hatte, Fürst Lubomirski, als ältester Obrist bei der Garde du Corps, das Kommando der gedachten acht Brigaden.

In Sachsen führte das Kommando über die daselbst stehenden vier Brigaden der älteste bei der Garde anwesende Offizier.

du Corps, das spezielle Kommando bei derselben dem Obristen bei der Garde, Generalmajor von Birkholz, übertrug [82]).

Die Quartiere wurden den zwölf Brigaden der Garde du Corps in den der Residenz zunächst gelegenen Aemtern des Meißnischen Kreises angewiesen.

Auf den Antrag des Herzogs von Sachsen=Weißenfels erfolgte alsbald nach dem Eintreffen der acht Brigaden der Garde du Corps aus Polen eine bedeutende Verstärkung der zur Herrenwacht nach Dresden kommandirten, monatlich sich ablösenden Mannschaft [83]).

Bisher hatte das Detachement bestanden aus:

1 Rittmeister, 2 Lieutenants, 1 Wachtmeister, 4 Korporalen, 2 Trompetern, 80 Trabanten.

und waren zu Zeiten die Leute keine Nacht dienstfrei geblieben. Vom 1. Dezember 1728 an wurde nun der Etat der Herren=wacht auf 169 Mann erhöht und hatte dieselbe in Zukunft zu bestehen aus:

1 Stabsoffizier als Kommandanten der Herrenwacht, 6 Oberoffizieren, 3 Wachtmeistern, 12 Korporalen, 147 Trabanten.

Durch dieses Detachement, zu welchem außerdem noch

3 Trompeter und 1 Feldscheer

gehörten, war nicht allein der gewöhnliche Hofdienst und Schloß=Wachtdienst zu bestreiten [84]), sondern auch in dem am alten Reit=hause gelegenen Corps de Garde eine Reserve von 1 Wacht=meister und 12 Trabanten zu formiren.

In der betreffenden Ordre ist dann ferner gesagt, der König sei zwar keineswegs gemeint, das Herrenwacht=Kommando der Garde du Corps zur Dresdner Garnison rechnen zu lassen, doch gehe Sr. Majestät Intention dahin, daß bei entstehenden Auf=läufen und andern dergleichen Vorfällen, wo die ganze Garnison

---

[82]) Der Obrist der Garde du Corps, Generalmajor Fürst Lubomirski, hatte zwar höheren Rang als der Generalmajor von Birkholz, allein er lebte fast aus=schließlich auf seinen polnischen Gütern und kam selten nach Sachsen.

[83]) Die auf Wacht kommandirte Mannschaft mußte selbst für ihre Quartiere sorgen und erhielten deshalb laut Ordre vom 16. August 1716 die Unteroffiziere und Trabanten Quartiergeld.

[84]) Täglich waren erforderlich bei Sr. königlichen Majestät: 1 Rittmeister, 1 Lieutenant, 1 Korporal und 16 Trabanten; bei Sr. Hoheit dem königlichen Prinzen: 1 Korporal und 12 Trabanten.

## VI. Garde du Corps.

unter Waffen trete, das Kommando der Garde du Corps das seinige zu Sr. Majestät Dienst beizutragen und, unter der Ordre des bei der Garde du Corps kommandirenden Offiziers, dasjenige ins Werk zu richten habe, wozu der Gouverneur der Residenz dasselbe anweisen werde.

Die nächste Veranlassung zu der anbefohlenen Rückkehr der Garde du Corps aus Polen nach Sachsen bot ohne Zweifel das bevorstehende große Zeithainer Campement, mit dessen Vorbereitungen der König und die militärischen Kreise sich damals auf das Lebhafteste beschäftigen.

Was die Garde du Corps insbesondere betrifft, so trug sich der König mit der Absicht, derselben eine, der Formation der übrigen Kavallerie entsprechende Eintheilung in Eskadrons und Kompagnien zu geben.

Zur Ausführung gelangte aber dieses Projekt damals noch nicht, im Etat des Offizierskorps und bei der Mannschaft traten nur verschiedene Veränderungen ein[85]).

Die Garde du Corps rückte mit 52 Offizieren, 810 Unteroffizieren und Trabanten in das berühmte, vielbesprochene Zeithainer Lager[86]).

Ueber die Betheiligung der Garde du Corps an den daselbst bis zum 25. Juni währenden Truppenübungen findet sich im Besonderen nur erwähnt, daß am 13. Juni ein Exerzitum mit Lanzen vor sich ging.

Ausgerückt waren hierzu die sechs Eskadrons Garde du Corps,

---

[85]) In dem Kommando der vier Korps hatten sich seit dem Jahre 1707 verschiedene Veränderungen zugetragen:

Die Obristen-Stelle beim ersten Korps war mit dem General-Kommando der Garde du Corps vom Grafen Flemming auf den Herzog von Sachsen-Weißenfels übergegangen.

Beim zweiten Korps folgte dem Obristen, seit 1710 Generalmajor von Kyau, im Jahre 1714 der Generalmajor Filain und 1726 Generalmajor von Birkholz.

Beim dritten Korps trat im Jahre 1710 der Generalmajor, später General-Lieutenant, Georg Ignaz Fürst Lubomirski an die Stelle des Generalmajors St. Paul.

Das vierte Korps kommandirte an Stelle des Generalmajor von der Golz seit 1710 der Generalmajor, später General-Lieutenant, Graf Sapieha, seit 1722 der Generalmajor Graf Castelli und seit 1726 der Generalmajor Graf Rutowski.

[86]) Das Lager der Garde du Corps bestand aus 300 Zelten. Die in einem Zelte vereinigte Mannschaft nannte man eine Kameradschaft. Jede Kameradschaft erhielt einen Feldkessel und zwei Feldbeile.

die beiden Regimenter Garde zu Fuß und zwei Freikompagnien Grenadiere.

Die Garde du Corps trug blanke Küraße, Armschienen, Sturmhauben mit Flügeln auf römische Art, Feldbinden um den Leib und führte Lanzen mit Fähnchen, jede Eskadron von verschiedener Farbe [87]).

Das Exerzitium an sich selbst bestand in Schwenkungen und Angriffen auf die Infanterie, welche sich in Quarres formirte.

Kurze Zeit nach Beendigung des Zeithainer Lagers marschirte eine Eskadron der Garde du Corps nach Polen.

Unter dem 17. Juni 1731 erging hierauf die königliche Ordre, daß die Eintheilung in vier Korps und zwölf Brigaden cessiren, was zeither eine Brigade genannt worden, den Namen einer Kompagnie führen und mithin die Garde du Corps aus 12 Kompagnien bestehen solle.

An den Campement auf dem Kaninchenberge bei Warschau, welches der König gleichsam als Pendant des Zeithainer Lagers im Monat August 1732 für die polnische Armee veranstaltet hatte, nahm keine Abtheilung der Garde du Corps theil, nachdem die Eskadron, welche im Juli 1730 Befehl erhalten hatte, nach Polen zu marschiren, bereits im November 1731 nach Sachsen zurückgekehrt war.

Die alte kurfürstliche Leibwache zu Roß hatte sich im Laufe der Zeit zu dem Regiment der Garde du Corps entwickelt. Es ist nicht der Zweck dieser Arbeit und würde zu weit führen, dieses schöne und tüchtige Regiment in seiner fast hundertjährigen Geschichte eingehend weiter zu verfolgen [88]).

Das Regiment der Garde du Corps soll nur in einem Theil seiner Wirksamkeit, in seinem Dienst als Leibwache der Kurfürsten und Könige geschildert werden. Die Garde du Corps stellte fortgesetzt die sogenannte Herrenwache, der die unmittelbare Bewachung der Person des Fürsten oblag.

Die Garde du Corps nahm 1733 bis 1736 an der Besitznahme von Polen und 1741/42 am ersten schlesischen Kriege theil.

Von den beiden in Sachsen stehenden Eskadrons der Garde

---

[87]) Die Sturmhauben auf römische Art, die Armschienen, die Lanzen und die Feldbinden scheinen nur ad hoc angeschafft worden zu sein, mindestens finden sich dieselben später nicht weiter erwähnt.

[88]) Geschichte der Garde du Corps von A. von Minckwitz. Manuskript: Kriegs-Archiv.

## VI. Garde du Corps.

du Corps rückte die eine 1745 mit in das Lager von Gundorf, während man die andere zur Bestreitung des Wachtdienstes in Dresden zurückließ. Beide Eskadrons waren bei Kesselsdorf.

In der Mitte des Monats Juni 1747 bezogen die acht Kompagnien des Regiments der Garde du Corps ein Kantonnement in der Umgegend von Dresden. Die in Polen gestandenen vier Kompagnien waren Anfang 1747 daher zurückgekehrt und war an ihre Stelle die Karabiniers=Garde getreten. Die Garde du Corps nahm an den aus Anlaß der Vermählung des Kurprinzen veranstalteten Festlichkeiten theil und war der Chevalier de Saxe bemüht gewesen, sie dazu in ihrer äußeren Erscheinung besonders reich auszustatten, und da die Farbe des Rockes um diese Zeit nicht mehr als karmoisinroth, sondern als ponceauroth sich bezeichnet findet, so ist vorauszusetzen, daß diese Veränderung damals ins Leben trat. An Stelle der 1730 vom Könige geschenkten ledernen Kollets wurde ein mit Treffen reich besetztes tuchenes Kollet getragen.

Durch ein Dekret vom 1. Juli 1749 erhielten die Offiziere der Garde du Corps einen um zwei Grade höheren Charakter beigelegt als die Offiziere der übrigen Armee.

Von den Wirren des siebenjährigen Krieges wurde die Garde du Corps ebenfalls betroffen. Die 24 Trabanten, welche am 16. Oktober zur Herrenwacht auf dem Königstein gestanden hatten, entgingen in Folge dessen der Gefangenschaft und blieben während des Krieges auf der Festung. Sie erhielten Befehl, zu den nach dem Hubertsburger Frieden vom Korps des Prinzen Xaver in die Garnisonen Pirna und Wilsdruff zurückgekehrten Garde du Corps=Eskadrons einzurücken.

Bis zum Schlusse des Jahres 1763 blieb die Karabiniers=Garde, welche seit der Rückkehr des Königs aus Warschau, am 30. April, die Herrenwacht übernommen hatte, zur ferneren Verrichtung dieses Dienstes in Dresden stehen. Am 1. Januar 1764 bezog jedoch die Garde du Corps wieder die Herrenwacht und wurde, wie es zuvor bereits bis zum Jahre 1756 der Fall gewesen war, ein monateweis sich ablösendes Detachement nach Dresden kommandirt und in der Wilsdruffer Vorstadt delogirt.

Eine vollständige Umwandlung erlitt damals auch die Bekleidung der Garde du Corps indem an Stelle des rothen, blau aufgeschlagenen Rocks ein paille Kollet mit lichtblauer Doublüre und lichtblauem Chemiset (Weste, anstatt des früheren zum Rock getragenen Kollets oder Kamisols) trat. Küraffe wurden nicht wieder eingeführt.

Die Garde du Corps wurde 1764 aus Sparsamkeitsrücksichten von dem Etat eines Kavallerie-Regiments bis auf eine „zur herrschaftlichen Leibwacht hinlänglich starken" Eskadron reduzirt. Sie erhielt auf wenige Jahre, bis 1770, wieder den reinen Charakter einer Haustruppe oder Leibwache. Unter den Motiven für die Reduktion findet sich namentlich in Betracht gezogen, daß an anderen Höfen die Garde zu Pferde nicht so stark sei als in Sachsen. Die Garde zu Pferde des Königs von England bestehe in London nur aus zwei Eskadrons und in Hannover aus einer schwachen Eskadron. Die Garde des Königs von Dänemark zähle zwei schwache Eskadrons, jede zu 65 Gardes und der König von Preußen habe, vor dem Kriege, bei einer Armee von nahe an 150 000 Mann nur eine Eskadron von 145 Gardes du Corps unterhalten.

Die Garde du Corps-Eskadron wurde am 1. Juli 1764 von Pirna nach Dresden verlegt, wo die Mannschaften gegen Empfang eines Quartiergeldes sich in der Wilsdruffer Vorstadt selbst einzumiethen hatten.

Zur Herrenwacht zogen täglich auf:

1 Offizier als Kommandant der Wacht beim Kurfürsten, 1 Offizier als Kommandant der Wacht beim Administrator, 2 Korporale, 30 Trabanten.

Aus einem Pro memoria des General-Kommandanten Grafen Coffell geht hervor, daß die Garde du Corps-Eskadron meist aus älteren Leuten bestand und daß der Dienst ein sehr anstrengender war. Im Juni 1765, als zuerst ein dauernder Sommeraufenthalt der hohen Herrschaften in Pillnitz genommen wurde, erfolgte die Anordnung, daß die Garde du Corps-Eskadron in dieser Zeit weder in Dresden noch in Pillnitz die Herrenwacht zu geben haben sollte. In Pillnitz versah ein Kommando der Leibgrenadier-Garde den Schloßwachtdienst und im Dresdner Residenzschloß besetzte deren Posten die Schweizer Leib-Garde. Die Ordonnanzen für die Depeschenbeförderungen zwischen Dresden und Pillnitz hatten die Chevauxlegers-Regimenter zu stellen.

Der Administrator genehmigte am 16. Oktober 1765 zur Schonung der guten Montur die Anschaffung von Surtouts von hellkrapprothem Tuch mit bleu mourant Kragen und Aufschlägen mit paille Westen, sowie von Hüten ohne Treffen, jedoch sollten diese Bekleidungsstücke nur außer Dienst getragen werden.

Kurfürst Friedrich August III., welcher 1768 die Regierung aus den Händen seines Oheims, des Prinzen Xaver übernahm, errichtete 1770 die Garde du Corps wieder in ihrer früheren Stärke. Das Regiment sollte, wie zuletzt die Garde-Eskadron, die kurfürstliche Leibwacht verrichten. Der Stab des Regiments blieb in Dresden, die Kompagnien erhielten ihre Standquartiere in der Nachbarschaft der Residenz. Die Uniformirung blieb die alte. Die Offiziere, welche einen höheren Grad als den der Charge, die sie bekleideten, besaßen, behielten denselben, für die Zukunft hatte dieses Vorrecht aber aufzuhören.

Nach erfolgter Formirung des Regiments waren monatlich, außer den Offizieren, 120 Mann an Unteroffizieren und Trabanten zu kommandiren, von denen täglich zur Wacht zu Pferde vor Sr. kurfürstlichen Durchlaucht aufzogen: 1 Wachtmeister, 2 Korporale, 2 Trompeter, 33 Trabanten.

Als 1776 der Adjutant des Regiments von Brandenstein, den Charakter als Rittmeister erhielt, blieb er Adjutant, indem Graf Bellegarde es für vortheilhaft erachtete, wenn ein geschickter Adjutant sich beim Stabe befinde. Derselbe müßte den Instruktions-Offizier zugleich mit vorstellen, in Abwesenheit des Stabsoffiziers die Herrenwacht kommandiren und im Exerziren fast täglich üben lassen. Hiernächst habe er die zum Theil schon beim Korps stehenden, zum Theil noch dazu kommenden jungen Offiziere in den zum Herrendienste nöthigen Wissenschaften zu unterrichten.

Der Kurfürst ordnete an, daß unter dem 1. August 1777 die Garde du Corps nach Dresden verlegt werden solle. Wie zuvor schon das Herrenwacht-Kommando und von 1764 bis 1770 die Garde du Corps-Eskadron, so wurden auch nun die vier Eskadrons nicht förmlich einquartiert, sondern die Leute hatten sich gegen Empfang eines Quartiergeldes selbst einzumiethen, doch wurde zum Quartierbezirke die Wilsdruffer Vorstadt und die Friedrichstadt bestimmt.

Während des bayerischen Erfolgekrieges blieb die Garde du Corps in Dresden stehen, auch nahm sie nicht an den Rheinfeldzügen und an dem Feldzuge von 1806 theil. Sie zeichnete sich 1809 bei Wagram aus. Von dem gesammten etatsmäßigen Bestande der Garde du Corps blieben 1809 außer dem Kommandanten

Generalmajor von Mangold und den jüngsten Offizieren jeder Charge nur 20 Unteroffiziere und 64 Trabanten in Dresden zurück.

Seit dem 1. Mai 1810 trat eine Erhöhung des bisherigen Etats der Garde du Corps von 428 Mann mit 369 Pferden auf 786 Mann mit 718 Pferden ins Leben. Zugleich hörte die Garde du Corps auf, ein eximirtes, d. h. ein von den Befehlen des Königs unmittelbar abhängendes Korps zu sein und kam dieselbe in den Divisionsverband der Kavallerie. In Dresden blieb außer dem Stabe und der Herrenwacht nur die zweite Eskadron stehen, die übrigen drei Eskadrons kamen in Garnison nach Pirna, Dippoldiswalde und Radeberg. An Stelle der Hüte traten Helme, messinge Achselschuppen wurden angelegt.

Zu den 1812 gegen Rußland mobil gemachten Truppen gehörte auch die Garde du Corps. Den Dienst als Leibwache sollte während ihrer Abwesenheit die Leibkürassier-Garde übernehmen. Letztere bezog in Dresden und dessen Umgebung Quartiere. Die Garde du Corps trug damals paillefarbene, lichtblau aufgeschlagene, mit Borden besetzte Kollets, eine unter dem Kollet und im Sommer zum gewöhnlichen Dienst auch ohne dasselbe anzulegende Aermelweste, Chemiset genannt, von lichtblauem Tuch, weiße Lederhosen, steife Stiefeln, weiße Reitermäntel und Helme. Die Bewaffnung des Mannes bestand aus einem ziemlich langen Karabiner, zwei Pistolen und einem nach der Spitze zu etwas gekrümmten zweischneidigen Pallasch.

General von Schreckenstein, der spätere preußische kommandirende General des 7. Korps, faßt seine Meinung über den Zustand des Regiments der Garde du Corps beim Abmarsch nach Rußland in dem Urtheile zusammen, daß man mit einem Regimente, welches eine Stufe solcher Vollkommenheit erreicht habe, Alles versuchen und unternehmen könne, was jemals von einem Kavallerie-Regimente gefordert worden sei. In Bezug auf das Offizierkorps äußerte im Verlaufe des Feldzuges General Latour Maubourg: „Die sächsischen Offiziere sind lauter Leute von gutem Herkommen, die der Ehre wegen dienen und sich aus Liebe für ihren König todt schießen lassen."

Die vier letzten Estandarten der Garde du Corps waren von weißem Moiré und zeigten in reicher Stickerei auf der einen Seite das königliche Wappen mit der Krone und die beiden sächsischen Orden, von dem Mantel umwallt, auf der anderen Seite aber den Namenszug F. A. R. mit der königlichen Krone. Die Bordüre war auf weißem Grunde ebenfalls reich gestickt. Die Einfassung bestand aus golden=blauseidenen Fransen. An der Stange befanden sich golden=blauseidene Schnuren nebst zwei gleichfarbigen Quasten.

Nachdem die Garde du Corps eine der größten Reiterthaten aller Zeiten, die Erstürmung der Rajefski=Schanze in der Schlacht bei Borodino [89]), ausgeführt hatte, ging sie in den Schneefeldern Rußlands fast bis auf den letzten Mann zu Grunde.

---

[89]) A. von Minckwitz: Die Brigade Thielmann in dem Feldzuge von 1812 in Rußland. Dresden 1879.

# B.

# Die Leibwachen zu Fuß.

## I. Die Trabanten-Leibgarde zu Fuß.

Die Trabanten-Leibgarde zu Fuß, bei ihrem Auftreten in den geschichtlichen Nachrichten als Guardi am Hofe bezeichnet, findet sich als militärisch organisirtes Korps zuerst in der Mitte des 16. Jahrhunderts erwähnt.

Trabanten als Thürwarte und Leibwächter der Stammeshäupter und Edelinge hat es jedoch bereits vor längst verflossenen Jahrhunderten, zu einer Zeit gegeben, als unsere Vorfahren noch am Fuße des Himalaya seßhaft waren, wie daraus hervorgeht, daß die Worte Trabant und Thürwart in der noch heute gültigen Bedeutung in Sanskrit und im Parsischen vorkommen.

Im Parsischen, einer Abzweigung des Sanskrit, heißt der Thürwart Derban, im Sanskrit selbst dagegen Dura-warti[1]) und unschwer läßt sich in dem Derban der Trabant, wie im Dura-warti der Thürwart erkennen.

Das Vorhandensein dieser Thürwarte aus den der Völkerwanderung vorhergehenden auf spätere Zeiten übertragen, so erscheinen im Mittelalter an den Höfen deutscher Fürsten Trabanten benannte Thürhüter oder Leibwächter in größerer Anzahl und hatten dieselben als ihren Vorgesetzten den Thürknecht zu betrachten, wobei jedoch unter Knecht nicht dem jetzigen Sprachgebrauche gemäß, ein Diener minderer Ordnung, sondern ein rittermäßiger Kriegsmann zu verstehen ist, wie denn noch heutigen Tages der englische „Knight" dem deutschen „Ritter" entspricht.

Der Thürknecht hatte nebst den ihm untergebenen Trabanten über die persönliche Sicherheit des Herrn zu wachen, für Aufrechterhaltung der Ordnung und Sauberkeit in den von demselben

---

[1]) Im Alt-Gothischen: Darauwards.

bewohnten Gemächern Sorge zu tragen, über die auf dessen Leib und Kammer beschiedenen Diener, namentlich auch über die Edelknaben, den Befehl zu führen und zu verhüten, daß unaufgefordert Jemand zu ihm bringe.

In mehrfacher Beziehung versah demnach der Thürknecht Funktionen, welche dem Kämmerer unserer Tage obliegen und im 15. Jahrhunderte erstreckte sich dies sogar auf die Begleitung des Herrn auf seinen Reisen und auf die Verwaltung der kurfürstlichen Handgelder.

Mindestens findet sich in den Kammer-Rechnungen aus den Jahren 1469 bis 1488, daß der Thürknecht Nicol von Carlowitz vom Kammermeister die Handgelder für den Kurfürsten ausgezahlt erhielt, dessen Spielschulden, sowie Opfer für die Armen berichtigte und Einkäufe für den persönlichen Gebrauch des Herrn, wie zum Beispiel auf dem Walpurgismarkte 1471 besorgte.

Jederzeit befand sich Nicol von Carlowitz in der Begleitung des Kurfürsten auf dessen Reisen und die angesehene Stellung, welche er als höherer Hofbeamter einnahm, giebt sich auch darin kund, daß er im Jahre 1476 mit geschäftlichen Aufträgen nach Rom gesendet wurde[2].

Von dieser höheren Lebensstellung und von Verwaltung der Handgelder ist allerdings nicht ferner die Rede, als Kurfürst Moritz anfing, den Thürknecht aus der Reihe der Trabanten zu wählen, ein Vorgang, dem hierauf auch seine Regierungsnachfolger in dem Zeitraume bis nach Beendigung des dreißigjährigen Krieges, also während des Ausklanges der mittelalterlichen Einrichtungen sich anschlossen, worauf in der Stellung des Befehlshabers über die Guardie am Hofe abermals andere Verhältnisse ins Leben traten.

Ohne Zweifel steht die Seiten des Kurfürsten Moritz erfolgte Ernennung des Trabanten Caspar Zipser zum Thürknecht im engsten Zusammenhange mit der strafferen Organisation, welche die Leibwacht des Herrn bei den in der Mitte des 16. Jahrhunderts herrschenden kriegerisch unruhigen Zeitläufen erheischte und in der That findet sich damals der Ausdruck Guardie am

---

[2] Als Thürknechte kommen ferner vor: 1486 Georg von Wibbach, Herzogs Albrecht Thürknecht und Rentmeister; 1498 Veitsch von Seydewitz, Herzogs Albrecht Thürknecht; 1500: Melchior Robur, Herzogs Albrecht Thürknecht; 1508 Wismuth von Ragewitz, Herzogs Georg Thürknecht; 1530 Nickel von Bieberitzsch, Herzogs Heinrich Thürknecht.

Hofe als eines militärisch formirten Korps, der ältesten stehenden Truppenabtheilung Sachsens, in den urkundlichen Nachrichten zuerst gebraucht.

Höchst interessant ist in dieser Beziehung das vom Kurfürsten August im Jahre 1555 erforderte Gutachten der Räthe Wolf von Schönberg und Hans von Dieskau.

Nachdem sich dieselben dahin geäußert, den Unterhalt einer Garde in der Festung Dresden erachteten sie für überflüssig, da Jemand, der ihren gnädigsten Herren, den Kurfürsten, zu bekriegen willens, dieser Guarda wegen es nicht unterlassen würde, heißt es dann weiter: „der Anzahl der Personen halber in der Guarda, welche auf Sr. churfürstlichen Gnaden Leib warte, so bleibe dies Sr. churfürstlichen Gnaden anheim gestellt, sie hielten aber dafür, es solle an zwanzig oder zum höchsten vier und zwanzig Personen genug sein und bedächten sie, daß wenn Sr. churfürstlichen Gnaden dieselben mit Kost und Kleidung zu Hofe versehen und Jedem eine Krone oder 2 Gülden monatlich reichen ließe, solches eine gar stattliche Besoldung und Unterhaltung wäre, der sich mit Billigkeit Niemand zu beschweren hätte."

Inhalts der Hofstatts-Verzeichnisse wurde diesem Gutachten entsprechend die Anzahl der Trabanten auf zwanzig festgestellt, einschließlich eines Lieutenants, eines Fouriers, dreier Rottmeister und des Spiels. Jeder Trabant erhielt, außer der Kost und der Kleidung, monatlich 2 Gülden und außerdem wurde dem Lieutenant, dem Fourier und den Rottmeistern ein Obersold von monatlich 1 Gülden gewährt.

Caspar Zipser, der auch nach dem Regierungsantritte des Kurfürsten August in seiner Stellung verblieben war, bezog als Thürknecht und Hauptmann über die Guardie nebst der Kost und Kleidung jährlich 170 Gülden Dienstgeld[3]). Wegen der Kost war er an die Marschallstafel verwiesen[4]). Die Kleidung, welche

---

[3]) An Nebenbezügen erhielt der Thürknecht und Trabanten-Hauptmann Licht und Fackeln, sowie den Vesper- und Schlaftrunk. Bei der Reduktion der Hofstatt im Jahre 1558 wurde jedoch beides gestrichen, nicht minder gingen die Trabanten, welche zeither den Vesper- und Schlaftrunk ebenfalls zu genießen gehabt hatten, desselben verlustig, empfingen aber dafür eine Entschädigung von jährlich 2 Gülden.

[4]) Die vornehmsten drei Tafeln von den zahlreichen Tischen, an denen das gesammte Hofgesinde gespeist wurde, waren:

Die Tafel für Sr. churfürstlichen Gnaden und deroselben vielgeliebte Gemahlin, jungen Herrlein und Fräulein.

dem Hauptmann gleichmäßig wie den Trabanten verabreicht wurde, bestand in einem Winter- und einem Sommerkleide und gehörten:

a) zum Winterkleide:

| | | | |
|---|---|---|---|
| 7 Ellen lundisch Tuch | à 18 | Groschen |
| 11 „ Parchent | à 2 | „ |
| 7 „ Harras | à 3½ | „ |
| 2 „ Futtertuch | à 3 | „ |
| ein Leder-Koller | 1 | Gülden |
| ein Hut | 8 | Groschen |
| das Macherlohn | 2 | Gülden |

b) zum Sommerkleide:

3½ Ellen lundisch Tuch,
5½ „ Parchent
7 „ Harras,
2 „ Futtertuch,
5½ „ Sammet⁵) à 2 Gülden,
ein Leder-Koller,
ein spanisch Parreth 12 Groschen,
das Macherlohn 2 Gülden.

Im Jahre 1563 beschloß Kurfürst August, um allen eingerissenen Unordnungen und Mißbräuchen zu steuern, sämmtlichen Beamten und Dienern am Hofe, statt der Kost und des Futters für ihre Pferde, sowie unter Entziehung aller Deputate und Accidentien (des Eingeschneiten) die Besoldung ausschließlich in baarem Gelde aus der Kammer reichen zu lassen.

Die Löhnung der Trabanten wurde in Folge dieser Bestimmung unter Wegfall der Kost von zwei Gülden auf fünf Gülden erhöht und darüber jährlich eine Kleidung gereicht.

Der Trabanten-Hauptmann verblieb bei seinen 170 Gülden Dienstgeld, erhielt jährlich eine Kleidung und die Kost am Tische

---

Eine Tafel für den Hofmarschall, den Hausmarschall, den Kämmerling 2c., im Ganzen 12 Personen, unter denen auch der Thürknecht.

Ein Frauen-Zimmer-Tisch für die Hofmeisterinnen, acht Schmuckjungfrauen, des Haus-Marschalls Weib und Kinder 2c.

Die Truchsesse, welche das Essen auf die kurfürstliche Tafel aufzutragen hatten, speisten, sobald letztere beendet war, an einem besonderen Tisch.

Was von der Tafel übrig blieb, erhielt die Armuth.

Angerichtet wurde um 10 Uhr und des Abends 5 Uhr.

Die Küche wurde Abends zugesperrt, eine Stunde nach der Truchsessen Essen, der Keller, sobald Sr. kurfürstlichen Gnaden zu Bett.

⁵) Bei der Reduktion der Hofstatts-Ausgaben im Jahre 1558 kam der Sammet in Wegfall.

## I. Die Trabanten-Leibgarde zu Fuß.

der Truchseſſe, welche in Berückſichtigung ihrer beſonderen Dienſt-
verhältniſſe nach wie vor zu Hofe geſpeiſt wurden.

In demſelben Jahre ließ der Kurfürſt einen Artikels-Brief
für die Guardi am Hofe aufſetzen. Derſelbe enthält die Pflichten
und Befugniſſe der „Churfürſtlichen Sächſiſchen Leib Guardi" in
ausführlichſter Weiſe. Der „Artickells brieff" beginnt mit der eid-
lichen Verpflichtung, welche auf ein Jahr lautet, dann folgen die
Gebührniſſe, Anordnungen über den Wachdienſt, Beſtimmungen
über Disziplin, ſowie gegen das Spielen, Trinken und Läſtern.

Bereits kurz nach Erlaß dieſes Artikels-Briefes zeigt ſich in dem
Verzeichniſſe des Hofgeſindes, wie ſolches am 26. Juni 1566 dem
Hofmarſchall Benno Pflugk zugeſtellt wurde, der Etat der Guardie
am Hofe bedeutend erhöht, denn es beſtand dieſelbe nunmehr,
außer dem Hauptmann, dem Lieutenant, dem Fourier, einem Pfeifer,
einem Trommelſchläger und einem Steckenknecht, aus vier Rotten,
jede Rotte zu einem Rottmeiſter und zwölf Trabanten.

Um das Jahr 1569 verſtarb der Thürknecht und Hauptmann
über die Guardie am Hof, Caſpar Zipſer. Eine Beſtallung für
denſelben hat ſich nicht vorgefunden, wohl aber die ſeines Nachfolgers Chriſtoph Zaunmacher[6]) vom 1. Januar 1570 und läßt
ſich aus ſolcher entnehmen, welche Dienſtverrichtungen dem Thürknecht ſeit Errichtung der Guardie am Hofe oblagen.

„Er ſoll zu Hoff vnd auf den Reiſenn Vnſer Gemach vnd
Zimmer In gutter Acht habenn, Auff die thüren Auß vnnd eingang
vleiſſig warttenn, Vnnd allewege des Morgens der Erſte darfur
vnnd des Abents der Letzte wieder daruon ſein, Vnnd darauff
Achtung geben, Das Dieſelbenn Jeder Zeit Wohl verſchloſſen
vnnd verwarth.

Er ſol auch gar Niemandt Inn Vnſere Gemach, Sonderlichenn
wan wir zu Ruhe liegenn, Vnnd ehe Wir Vns gekleidet Vnnd
Angethan Außerhalb der Perſonen ſo auff Vnſern Leib zu warten
beſchieden ohne Vnſer Vorwiſſenn Vnd Außdrücklichen befelch Hinein
laſſen.

Desgleichenn ſol er Darob ſein, Das Vnſere Gemach durch
die Stubenheizer teglich auffs Sauberſte Vnd Reinlichſte gehaltenn,
Auch zu rechter Zeit eingeheizt vnd mit dem feuer vnd Lichten
nicht gefehrlich vmbgangenn werde, die Tiſchteppicht Stuel vnd

---

[6]) Chriſtoph Zaunmacher, auch als Zaummacher oder Czaunmacher benannt,
diente zuvor als Trabant und Rottmeiſter in der Guardie am Hofe.

Pulster Sauber außgekert, Tisch, banck vnd Stuell Jnn gutte Ordenung gesetzt vnnd kein Vnsauberkeit oder Kericht vor den Gemachen gedultet werden.

Wan wir oder vnsere freundliche Liebe Gemahl, Jnen etwo Verschickenn, vnd Jhme Jchtwas Außzurichten befehlenn werdenn, oder auch die Hauptschlüssel zu Vnsern Gemachen vertrawen werden Das sol er Recht Einnehmen Vnd mit gutter bescheidenheit vernunfftig verrichten, Die gemach mit Vleiß wieder verschliessen vnd die Hauptschlüssel nit von sich legen vnd Andren geben sondern Vns oder Vnser f. l. Gemahel alsbald widerumb Zustellen Damit kein nachschlüssel dauon gemacht, sich auch sonst des truncks messigen Vnd enthaltenn, Vnnd vor Vnnsernn Gemach mit Niemandt kein vnnottigen keiff oder getzenck haltenn, Sondern die Leutt mit guttem Glimpff bescheidenn vnd Abweisenn,

Was er dan also Jn oder vor Vnserm Gemach hörenn, sehen, oder vernehmen wirdet, Das sol er Niemandt offenbarenn, sich auch Niemandt durch gunst gab oder sonst einigerley Weiß bewegenn noch berehdenn Lassenn, von Vnser Vnser geliebtenn Gemahl vnnd kinder gelegenheit vnd Anderen Vmbstendenn Jchtwas zu berichtenn,

Do er Aber Jchtwas sehenn Hören oder Vernehmen wirdet, Das Vnns oder den Vnsern Zu nachteill schimpff vnd schaden gereichen mochte, Vnnd er Dasselbige nicht Endernn noch Abwendenn konnte, Das sol er Vns zu offenbarenn Verpflicht sein,

Ferner soll er auch die Edlenn knabenn, Die vff vns zu wartenn beschiedenn, vnter seinen befelch habenn, Vnd vleissig Achtung Auff sie gebenn, Damit sie sich Jn Christlicher Zucht vnnd Erbaren gutten sitten vben mögen, Jnen kein Gotteslesterung fluchenn noch Volsauffen gestattenn, Sondern sie zu vleissiger Dienstwarttung fru vnd spat Sonderlichenn Zu den Malzeittenn, Vnd wan man Windlicht vortragenn vnnd haltenn sol, vermahnen Vnd Antreibenn, Auff den Raisen bey Jnen Jn Jrer Schlaff Cammer liegen, Damit sie Zuchtig vnnd still sein, Do sich auch einer oder mehr vber sein er Jnnerung mutwillig ertzeigen, Vnnd Jchtwas Vngeburliches verbrechenn wurde, Den oder Dieselbenn sol er mit der Ruttenn Zimblichermassenn zu zichtigenn Vnd zu straffenn macht habenn,

Vber das soll er auch vber vnser Gwardj Als ein Haubtman befelch habenn, Vnnd vber dem Artickelsbrieff so wir vnser Gwardj furstellenn lassenn treulich halten.

## I. Die Trabanten-Leibgarde zu Fuß.

Das denselbenn strack vnd fest nachgesetzt werde, Er soll auch denn Artickelsbriff den Trabantten offtmals furlesenn, Vnnd keynen Trabanttenn Jn der Gwardj Dulden der Vnns mit Aidtspflichtenn nicht verwant, Vnnd auff den Artickelsbrif geschworenn habe,

Furnemblich aber sol er Dye Wach auf denn Raisenn Vnd zu Hoff mit Allem Vleiß bestellenn Vnd Anordenen, Die Auch selbst begehenn Vnd besichtigenn wie gewacht werde, Vnd der Wach mit Ernstem Vleiß einbindenn Auff feuer Licht vnnd verdechtige Personen vleißig Auffachtung zu habenn, Thor vnnd thüren zuuorwahrenn, Sonderlich auch wan man Gastereyen vnd Täntz heldet, Das sich vonn knechten Jungen vnnd Andern Personen so nicht darein gehörenn, Niemandt Jn die Eßgemach oder Tantzsähle eindringen,

Vnnd soll sonst Alles Anders thuenn, so einen getreuenn gewarsamen thürknecht vnnd Redtlichenn Trabantten Haubtman Jn seinem Dienst gegen seinem Herrn eigent Vnnd gebürt,

Dargegenn Vnnd damit er sich an solchem Ambt vnd Dienst Notturftig vnderhalten konne, Wollen wir Jhme hinfuro Jerlich 100 fl. Zur besoldung Auch die kost vor sein Person neben Vnsern Truchsessen Zu Hoff vnd Auff der Raiß geben, Jnen auch auff den Raisenn aus Vnsern Stall berittenn machen, oder sonst Zu wagen vortbringenn Lassen".

Christoph Zaunmacher wurde im Jahre 1583 Hauptmann der Festung Dresden, worauf am 30. September 1583 Joachim Starke und am 21. Juni 1587 Hans von Eberstein[7]) als Thürknechte und Hauptleute über die Guardie an seine Stelle traten.

Ihre Bestallungen sind wörtlich gleichlautend mit derjenigen Christophs Zaunmacher, nur hatte auf Befehl des Kurfürsten Christian seit dem Jahre 1587 aus der Bestallung der Passus wegzubleiben, daß der Thürknecht die Auffsicht über die Edelknaben führen solle.

---

[7]) Trotz des hochklingenden Namens Hans von Eberstein zu Escherhausen, war derselbe doch niederer Herkunft und hieß er eigentlich Hans Käsebier. Als dies später an den Tag kam, entschuldigte er sich damit, daß er sich nach Soldatenmanier von seinem Geburtsorte, von Eberstein genannt habe. Der Zusatz, zu Escherhausen, blieb bei der Erörterung unberührt.

Hans von Eberstein hatte von Jugend auf als Landsknecht und Trabant in aller Herren Ländern, namentlich auch längere Zeit in Kopenhagen gedient.

Der Etat der Guardie wechselte in der Zeit von 1563 bis 1590 mehrfach und bestand derselbe:

im Jahre 1573 aus dem Hauptmann und 61 Personen,
in den Jahren 1574/75 „ „ „ „ 68 „
„ „ „ 1576/77 „ „ „ „ 73 „
„ „ „ 1580/81 „ „ „ „ 43 „
„ „ „ 1582/83 „ „ „ „ 43 „
im Jahre 1585 „ „ „ „ 43 „
„ „ 1587 „ „ „ „ 66 „

Die Besoldung der Trabanten zeigt sich von 5 Gülden auf 6 Gülden monatlich und die des Hauptmanns Hans von Eberstein auf 200 Gülden jährlich erhöht. Der Obersold auf die Aemter, das heißt also für den Lieutenant, den Fourier und die Rottmeister betrug monatlich 10 Gülden.

Eine wesentliche Veränderung in der Formirung der Guardie am Hofe ereignete sich im Frühjahr 1590, indem der glanzliebende Kurfürst Christian anordnete, daß dieselbe außer dem Hauptmann, dem Lieutenant, dem Fourier, einem Pfeifer, einem Trommelschläger und einem Steckenknecht in Zukunft aus vier Rotten bestehen solle, jede Rotte zu:

    1 Rottmeister mit einer monatlichen Besoldung von 8 Gülden,
    4 jungen Edelleuten (abligen Pursch) à 8 Gülden,
    7 Trabanten à 6 Gülden,
    5 Schützen à 6 Gülden.

Zugleich schied der Kurfürst die Stellung des Hauptmanns über die Guardie von der des Thürknechts und verlieh er die erstere, unter Beförderung Hansens von Eberstein zum Hauptmann der Festung Königstein, dem Kammerjunker und Stallmeister Hans von Osterhausen, welcher gleichzeitig die aus jungen Edelleuten neu errichtete berittene Leib=Garde der Karabiner oder Edlen Pursch befehligte, während er zum Thürknecht den Lieutenant der Trabanten=Leibgarde zu Fuß Georg Mattig ernannte.

Allein diese Einrichtung hatte nur kurzen Bestand, denn nach dem im September 1591 erfolgten frühen Ableben des Kurfürsten Christian reduzirte der Administrator der Kur Sachsen, Herzog Friedrich Wilhelm von Sachsen=Altenburg, die Guardie des unmündigen Kurfürsten auf 36 Mann. Die abligen Pursch wurden gleich der berittenen Leib=Garde der jungen Edelleute entlassen.

Hauptmann Hans von Osterhausen übernahm eine Dienststellung in der nächsten Umgebung des jungen Kurfürsten und der Lieutenant Georg Mattig erhielt, unter Beibehalt der Thürknechts-Funktion, den Posten als Hauptmann über die Guardie am Hofe, so daß also diese beiden Chargen wieder, wie vor dem Jahre 1590, in einer Person vereinigt waren.

Georg Mattig verstarb im Jahre 1600 und es rückten hierauf nach einander die Lieutenants Hans Fritzsche 1600 am 5. November und Georg Schubert 1602 am 1. Februar zu Hauptleuten auf.

Der Bestallung zufolge, welche Letzterer nach der inzwischen erfolgten Mündigkeitserklärung des Kurfürsten Christian empfing, waren seine Funktionen im Wesentlichen die nämlichen, nur wurde der Hauptmann der Leib-Guardie dem Thürknecht nunmehr vor angestellt.

Die im Jahre 1611 erlassene Hof-Ordnung besagt:

„Unser Trabantten-Haubtmann hat den Tag vor Unserer Cammerthür uffzuwarten, der dann Niemands als Unseren Marschall, Geheime Räthe, Ober-Cämmerer, Stallmeister, Cammer-Junker, Cammer-Secretarium, medicos und Cammer-Jungen hinein gehen lassen soll. Würden Wir aber Eines oder des Anderen unserer anderen Diener oder derjenigen, welche mit Unserem Willen bei Unserem Hoffe sich der Zeit uffhielten, bedurffen oder denselben zu Uns haben wollen, Solchen wollen Wir fordern, oder do er Uns nottwendiger Geschäffte halber anzusprechen und bei Uns sich angeben würde, ihn an welchem Orte er zu Uns kommen soll, nach Gelegenheit bescheiden lassen."

Nach der Ernennung Georgs Schubert zum Hauptmann der Festung Dresden, folgten ihm als Hauptleute der Leib-Guardie und Thürknechte:

1606, 28. November Hans Vopelius[8],
1612, 22. August Wolf Fischer[9],
1638, 14. Februar Hans Manslau.

---

[8] Hans Vopelius erhielt 1612 das Kommando der Festung Pleißenburg. Er übergab dieselbe 1631 im September den Kaiserlichen, wurde vor ein Kriegsgericht gestellt, zum Tode verurtheilt und am 6. Februar 1633 zu Dresden enthauptet.

[9] Zur Hofstatt des Herzogs Johann Georg gehörten während der Regierungszeit seines Bruders, des Kurfürsten Christian II., zwölf Trabanten, welche Wolf Fischer als Hauptmann befehligte, und ebenso hatte Herzog August, der

Aus der bewegten Zeit des dreißigjährigen Krieges sind nur wenige Nachrichten betreffs der Trabanten=Leib= oder der Ober=Guardie, wie man dieselbe im Gegensatze zur Besatzung der Festung Dresden, der Unterguardie, häufig auch bezeichnete, auf unsere Tage gekommen. Doch läßt sich so viel erkennen, daß deren Etat damals war:

| | |
|---|---|
| 1 Hauptmann . . . . . . . | 240 Gülden, |
| (die Kost zu Hofe und jährlich eine Kleidung) | |
| 1 Lieutenant . . . . . . . | 132 Gülden, |
| 1 Fourier . . . . . . . . | 96 „ |
| 1 Pfeifer . . . . . . . | 72 „ |
| 1 Trommelschläger . . . . . | 72 „ |
| 1 Regimentsdiener . . . . . | 60 „ |

Drei Rotten, jede zu:

| | |
|---|---|
| 1 Rottmeister . . . . . . . | 96 Gülden, |
| 1 Reise=Rottmeister . . . . . | 96 „ |
| 13 Trabanten à . . . . . | 72 „ |

Die Zahlung des Traktaments erfolgte jedoch sehr unregel=mäßig[10]) und nach einer im Jahre 1642 vorgenommenen Ab=rechnung restirten der Ober=Leibguardie 34231 Gülden 16 Groschen.

Schließlich führte dies zu einem Aufstande der Trabanten, welcher den Tod des Hauptmanns Hans Manslau im Gefolge hatte. Am 13. Juli überfielen nämlich, wie die Hofmarschall=Amts=Journale melden, die Offiziere und Trabanten der Ober=Guardie ihren Hauptmann in seinem Quartiere, begehrten Abschrift von ihrer Abrechnung und stießen sehr schimpfliche und verdrieß=

---

dritte Bruder des Kurfürsten, seine eigenen Trabanten unter dem Hauptmann Abraham Wilhelm Schultes.

Wolf Fischer trat 1611, nach dem Regierungsantritte des Kurfürsten Johann Georg I. als Hauptmann über ein Defensions=Fähndel in der Landschaft Be=stallung, bis er im Jahre 1612, aus Anlaß der Beförderung des Hauptmanns Hans Bopelius zum Befehlshaber der Festung Pleißenburg, an dessen Statt kur=fürstlicher Trabanten=Hauptmann wurde.

[10]) Am 17. Mai 1642, als die Trabanten beordert worden waren, sich zu dem Leichenbegängniß der verwittweten Kurfürstin Hedwig nach Lichtenburg zu begeben, überreichten dieselben eine, Ew. kurfürstlichen Durchlaucht gehorsame Diener und Leib-Trabanten unterzeichnete Supplik, des Inhaltes: Sie hätten zu dem Leichenbegängniß zwar neue schwarze Kleidung erhalten, biemeil sie aber theils übel beschuht seien, theils in itziger hitziger Zeit auf der Reise zu Fuß laufen müßten, ohne daß sie eine Kanne Bier zu bezahlen vermöchten, so bäten sie ihnen, auf ihre rückständige Besoldung nur etwas auf Abrechnung auszahlen zu lassen.

liche Worte gegen ihn heraus. Als hierauf folgenden Tages der Hauptmann, um die deshalb aufgesetzte Klageschrift zu überreichen, sich frisch und gesund zum Hofmarschall ins Schloß begeben, traf ihn plötzlich ein Schlagfluß und verschied er, ohne von dem Anfalle sich wieder zu erholen, am Morgen des 16. Juni.

Der Bericht fährt dann fort:

„Nachdem nun Ihro churfürstliche Durchlaucht der Officier und Trabanten unverantwortlich Vornehmen ins Verhör ziehen lassen, so ist am 14. Juli der Kriegsrechtsspruch erfolgt, do denn dem Leuttenandt Antonio Schützen acht Monat Schildwacht, ingleichen dem Vorirer Holzapfel, welcher der Autor und Rädelsführer dieser Zusammenrottirung gewesen, die Cassation, dem Rottmeister Thielen drei Monate Schildwacht zu stehen, den Uebrigen aber insgesammt zwei Monate Stockhaus zuerkannt worden mit dem Anfügen: und hat die erste Rotte so Abends abzuecht, den Anfang zu machen.

Es hat aber der Leuttenandt bei Ihrer churfürstlichen Durchlaucht soviel erhalten, daß er in Gnaden abbanken mögen und ist auch den andern Allen, mit Ausnahme des Vorirers Holzapfel, die Strafe erlassen worden."

Hans Manslau war der letzte Befehlshaber der Guardie, welcher die Benennung als Thürknecht und Hauptmann der Guardie am Hof führte und erscheint nunmehr statt dessen der, übrigens vielfach schon zuvor gebrauchte Titel: Trabanten-Hauptmann.

Der Hofmarschall Heinrich Taube vermeldete dienstlich am 1. Juli 1656 den Kammerräthen, daß der Kurfürst den Rittmeister und Kammerjunker Christian Ernst Kanne zum Trabanten-Hauptmann gnädigst angenommen, mit dem Erinnern, für Selbigen die Bestallung entsprechend der auf Sr. kurfürstlichen Durchlaucht Befehl in etwas geänderten Notul, entwerfen und ihm solche gegen gewöhnlichen Handschlag auf vorher geleistete Pflicht aushändigen zu lassen[11]).

Die hier angezogene geänderte Notul liegt zwar den Akten nicht bei, doch läßt sich voraussetzen, daß dieselbe in der Fassung identisch war mit der wenige Monate später für Kanne's Nachfolger im Kommando der Trabanten-Leibgarde ausgefertigten Bestallung, in welcher der Ausdruck Thürknecht nicht mehr vorkommt,

---

[11]) 1656, am 16. Juli erfolgte durch den Hofmarschall die Vorstellung Christian Ernst Kanne's als Hauptmann und Heinrich von Sebottendorff's als Lieutenant der Trabanten-Leibgarde.

Bereits am 10. Februar 1657, nach dem inzwischen eingetretenen Regierungswechsel, ernannte nämlich Kurfürst Johann Georg II., an Stelle Christian Ernst Kanne, welcher Obrist-Lieutenant bei der neu formirten teutschen Leib-Garde zu Roß wurde[12]), den Kammerjunker Hieronymus Siegmund Pflugk zum Trabanten-Hauptmann und hat dessen Bestallung nachstehenden Wortlaut:

„Von Gottes Gnaden, Wir Johann George der Andere, Hertzogk zu Sachßen, Jülich, Cleve undt Bergk, des Heiligen Römischen Reichs Erzmarschalch undt Churfürst, Landtgraff in Düringen pp. thun hiermit kunt undt bekennen, daß Wir Uns mit Unserm über die Leib Guarde von Trabanten bestelltem Hauptmann, auch Cammer-Junckern undt lieben getreuen, Hieronymo' Sigismund Pflugen nachfolgender Bestallung verglichen, nemlich, Er solle Uns treu, hold undt dienstgewertig sein, Unsern nuz, Ehre und Wohlfarth nach seinem besten vermugen suchen undt befördern, schaden, nachtheil undt gefahr dargegen wenden, warnen undt verhüten, insonderheit aber die ihm anbefohlene Leib Guarde in genauer uffsicht undt befehl haben, keine ungepürniß verstatten, seine Wachten fleißigt bestellen, visitiren undt ihm angelegen halten, daß selbige ein ieder nüchtern undt bescheiden verrichte, niemand verdächtiges undt unbekantes einlaße, keine Schlägereien und üppigkeiten verstatte, oder im geringsten etwas übersehe, so ihm uff der Wacht befolen, oder auch der Articuls-brieff erfordert, gestaldt derselbige den sämptlichen Trabanten zum wenigsten alle Virtel Jahr einmahl deutlich abgelesen undt keiner getuldet werden solle, so nicht würcklich darauff geschworen, undt deßen zur genüge erinnert seyn, die darwieder handeln oder sonsten etwas verbrechen, die solle der Hauptmann nach inhalt deßelben bestraffen, in Ehrenrürigen undt Capital Verbrechungen aber sich bey Unserm Ober-Hoff-Marschalch, an den er hirmit gewiesen wirdt, anmelden, damit derselbe hierunter gepürende entscheidung treffe, oder nach befinden die sache Uns unterthänigst fürtrage, undt anordnung erhole,

Es solle hierüber der Hauptmann nicht nur Unser Residenz Hauß allhier, sondern auch dasienige, wo Wir Uns auff der Reyse

---

[12]) Christian Ernst Kanne aus einem im Kurkreise angesessenen Adels-Geschlechte starb als Ober-Hofmarschall und Ober-Kämmerer 1677, 1. August. Im Jahre 1676 hatte ihn der Kaiser in den Freiherrnstand erhoben.

auffhalten, iedesmals wohl wahrnehmen, auff feuer und licht schaben gute acht haben laßen, die offenen Zimmer zumahl bey anwesenheit frembder Potentaten oder Gesanten zum öfftern durch= gehen, nichtes unrichtiges zerbrochenes oder unsauberes leiden, sondern so viel ihm zustehet, alles in guter ordnung erhalten helffen, undt was er zu ändern nicht vermagk, solches Unserm Oberhoff Marschalckk anmelden, damit durch denselbigen fernere nottürfftige anstalt undt einsehung geschehe.

Beym auff: undt Zuschließen sollte iedesmals der Rottmeister, so die Wache hat, sich befinden, die Schlüsseln allhier vom Hauß Marschalch empfahen, undt nach verrichteten Zuschließen, demselben wieder einantwortten, in beßen abwesen aber, alß auch uff den Reysen, solle der Hauptmann die Schlüßeln in seiner Verwarung haben undt des Nachts auff Unserm Hause verbleiben, oder dasselbe durch seinen Lieutenant also bestellen, insonderheit da bey nächt= licher weile sich ein tumult von feuer oder sonsten erhiebe, oder Uns etwas anzuzeigen wehre, so nicht einem iedern zutrauen ist, so solle der Hauptmann oder abwesende seiner, der Lieutenant alßbald' wach undt parat sein, Uns daßelbe unterthänigst zu hinter= bringen, da die Thore oder Ausgänge deswegen geöffnet werden müsten, beym auff: undt zumachen derer einer selbst sein, undt sowohl der Wacht alß ander notturfft halben alles verfügen undt verrichten, was ihnen Ampts und Pflicht wegen oblieget und ge= ziemet, gestaldt wir denn diese ordnung wollen gehalten wißen, daß Uns allemahl der Hauptmann oder Lieutenant, welchen wir belieben, mit der helffte der Trabanten uff der Reyse auffwarten, der Andere aber mit der übrigen helffte allhier verbleiben, undt Unser Residencz Hauß uffs beste verwahren undt in acht nehmen soll, Was auch der Hauptmann an Unserm Hoffe oder sonsten höret, siehet oder in erfahrung bringet, so Uns schädlich oder nachtheilig, das solle Uns er von stund an offenbahren, ohne Unsern willen aber sonsten darvon niemand etwas wißen laßen, sondern daßelbe in höchster geheimb undt Verschwiegenheit bey sich behalten, wie auch sonsten alles undt iegliches thun, was einem Ehrlichen treuen Diener undt Hauptmann über seines Herrn Leib Guarde wohl anstehet und gebühret, Welches er denn also zu leysten Eydtlich versprochen, auch einen schrifftlichen Revers darüber von sich gestellet hat,

Dagegen wollen wir ihm nicht allein zu iederzeit einen freyen zutritt zu Uns verstatten, undt denselben bey solcher seiner unter=

thänigsten auffwartung gegen menniglichen schüczen undt handt=
haben, sondern auch sich, seine Pferde undt gesinde darvon zu
unterhalten, ihm Monatlich Einhundert oder Jährlich Zwölf=
hundert thaler aus derienigen Cassa, so wir zu bezahlung Unserer
Leib Guarden undt ander Soldatesca gnädigst verordnen, benebenst
einem Jahres: oder Ehren Kleide seiner Charge gemees geben
und reichen laßen, es soll auch der bishero gebräuchliche Trabanten
Wagen, worauff Sie ihre Liberreyen fortzubringen pflegen, in
dieser Bestallung nicht begriffen sein, sondern nach behuff absonder=
lich verordnet undt geschafft werden, So erbieten wir Uns auch
uff sein unterthänigst anhalten mit verlaub zuweilen uff sein guth
zureysen gnebigst zuerzeigen, ohne Unsere ausdrückliche Verwilligung
aber solle von Uns undt Unserm Hoff=Stat er nicht bleiben, sondern
sich allemahl wesentlich bey Uns unterthänigst auffhalten, undt
seinem Ampte schuldiger maßen abwarten.

Doferne aber Unser gelegenheit nicht wehre, Ihn lenger in
dieser Bestallung zu behalten, oder auch er dieselbe unterthänigst
zu resigniren bedacht wehre, Uff solchen fall soll iedem theil die
auffkündigung Drey Monatsfrist oder ein Viertel Jahr zuvor
zuthun freystehen, Unterdeßen aber und biß zu endung solcher
Zeit Uns der Hauptmann einen Weg alß den andern verpflichtet
bleiben. Treulich sonder alle gefärde, Uhrkuntlich haben wir diese
Bestallung mit Unser gnebigsten selbhändigen Unterschrift mit vor=
gedrucktem Chur=Secret bekräfftiget, So geschehen vndt geben zu
Dreßden, den 10. Monatstag! February, im Jahre Christi 1657."

Nachdem Christian Ernst Kanne am 12. Februar von der
zwischen dem grünen Thor und der Münze zusammengezogenen
Kompagnie abgedankt hatte, wurde durch den Ober=Hofmarschall
der Kammerjunker Hieronymus Siegmund Pflugk als Trabanten=
Hauptmann vorgestellt [18]).

---

[18]) Am Tage nach der Einweisung des Trabanten=Hauptmanns Pflugk,
daher am 13. Februar 1657 erfolgte die Musterung und Vereidung der aus ein=
geborenen Schweizern errichteten Leib=Kompagnie Hellebardiere sowie die Vor=
stellung des Obrist=Lieutenants Isaac de Magny zum Schweizer=Hauptmann.

In Ermangelung näherer Nachrichten läßt sich, hinsichtlich der Dienstobliegen=
heiten, ein Unterschied zwischen denen der Schweizer und denen der teutschen
Trabanten nicht erkennen und leisteten die Schweizer gleich den Trabanten Wacht=
dienste in kurfürstlichen Schloße.

Die Wahrnehmung der Sicherheit im Residenzschloße stand jedoch dem
Trabanten=Hauptmann allein zu und war derselbe, wie aus seiner Bestallung

## I. Die Trabanten-Leibgarde zu Fuß.

Betreffs dieses dem Ober-Hofmarschall ertheilten Auftrages ist hier einzufügen, daß zwar von jeher die oberste Leitung des gesammten Hofwesens dem Hofmarschall zugestanden, und daher auch die Guardie am Hofe sich in einer gewissen Dependenz von demselben befunden hatte, bestimmter jedoch sich zuerst in der Bestallung des unmittelbar nach dem Regierungsantritte des Kurfürsten Johann Georg II. zum Ober-Hofmarschall ernannten Freiherrn von Rechenberg ausgesprochen findet und lautet der hierauf bezügliche Passus: „Darbey Wir auch gnädigst bewilligt, daß in Verrichtung seines Ober-Hofmarschallamtes, außerhalben Wir, Niemand sonsten ihm etwas zu befehlen haben, er auch Macht und Gewalt haben soll über alle Unsere Hof-Officirer, sämmtliche Leib-Guardien zu Roß und zu Fuß auch alle anderen Diener und Hof-Gesindell".

In Folge dessen fand, so lange die Trabanten-Leibgarde zu Fuß bestanden hat, die Verpflichtung der Offiziere im Marschall-Amte und die Vorstellung der Hauptleute an die Kompagnien durch den Ober-Hofmarschall statt. Ebenso gebührte dem Marschall-Amte die Jurisdiktion in allen bei der Garde vorfallenden ehrenrührigen und Kapital-Verbrechungen[14]).

In des Kammer-Raths von Haugwitz und des Geheimen Kriegs-Sekretärs Moritz Schwabe Gegenwart schwor am 7. April 1657 die Ober-Guardie von Trabanten auf der Rennbahn beim Reithause zu dem neu formulirten, vom Regiments-Schultheißen verlesenen Artikulsbriefe und war damals der Etat der Garde:

---

hervorgeht, zugleich Schloß-Hauptmann, wenn auch diese Bezeichnung selbst sich nicht ausdrücklich gebraucht findet.

Bei festlichen Gelegenheiten erscheint der Schweizer-Hauptmann, wenn auch jederzeit an zweiter Stelle, neben dem Trabanten-Hauptmann in den nämlichen Repräsentations-Funktionen.

Im Jahre 1661 trat zu der Kompagnie Schweizer Hellebardiere (den gelben Schweizern) noch eine Kompagnie Schweizer Musketiere (die rothen Schweizer).

Letztere wurde jedoch im Jahre 1669 wieder aufgelöst und im Jahre 1680 schloß durch Entlassung der Schweizer Hellebardiere aus dem sächsischen Dienste die Episode der aus eingeborenen Schweizern bestehenden Garde vollständig.

Näheres in: „Schweizer und französische Soldtruppen in sächsischen Diensten". Wissenschaftliche Beilage der Leipziger Zeitung 1894, Nr. 59.

[14]) Später, namentlich seit dem Jahre 1680, traten die Leib-Garden, mit Ausnahme der Trabanten-Leibgarde zu Fuß, in rein militärische Verhältnisse und erledigte sich dadurch ihre Abhängigkeit von dem Ober-Hofmarschall und dem Marschall-Amte.

| | | |
|---|---|---|
| 1 Trabanten-Hauptmann (Pflugk) | 100 Thlr. | |
| 1 Lieutenant (von Sebottendorf)[15] | 50 Thlr. | |
| 1 Fourier | 10 | Gulden |
| 1 Pfeifer | 6 | „ |
| 1 Trommelschläger | 6 | „ |
| 6 Rottmeister à 8 Gulden | 48 | „ |
| 39 Trabanten à 6 „ | 234 | „ |
| 50 Mann | 150 Thlr. u. 304 Gulb. monatl. | |

Die Kleidung der Trabanten bestand in gelben, schwarz ausgemachten Casaquen, Mänteln, ledernen Kniehosen, gelben Strümpfen, Schuhen, schwarzen langen ledernen Wehrgehenken, schwarzen Hüten mit gelben Federn und Handschuhen[16]. Als Waffe führten dieselben mit Quasten versehene Partisanen, welche das Hauptzeughaus lieferte[17].

Es begleiteten im Februar 1658 den Kurfürsten zum Wahl- und Krönungstage nach Frankfurt:

der Trabanten-Hauptmann Hieronymus Siegmund Pflugk,
1 Fourier, 3 Reiserottmeister, 13 Trabanten

und wurde bei dieser Gelegenheit der Trabantenhauptmann Kammerjunker Pflugk vom Kaiser zum Ritter geschlagen.

Wegen der bevorstehenden Abwesenheit des Kurfürsten empfing am 29. Juni 1666 der Trabanten-Hauptmann Pflugk eine Spezial-Instruktion, welche den Sicherheitsdienst besonders einschärfte.

Aus derselben Zeit rührt der Befehl her, wie Sr. kurfürstlichen Durchlaucht bei der Hofstatt allhier durchs ganze Jahr es in Einem und Andern wollen gehalten haben:

1. Soll das Schloßthor früh ordinarie von Ostern biß Michaelis umb 3 uhr, von Michaelis biß Ostern aber gegen 5 Uhr geöffnet werden, auser an hohen Festen und zu andern nothwendigen Zeiten.

2. Soll das Schloßthor Abends ordinarie durchs ganze Jahr nach 9 uhr geschlossen werden.

3. Soll der Schloß Thürmer folgendermaßen sein Blasen ver-

---

[15] Lieutenant von Sebottendorff, welcher später ohne Veränderung in seinen dienstlichen Obliegenheiten zum Capitain-Lieutenant anrückte, war zugleich Kammerjunker.

[16] Die Montur der Schweizer Hellebardiere war ebenfalls gelb, aber mit schwarz und nakaratfarben ausgemacht.

[17] Zwischen den Partisanen der teutschen Trabanten und den Hellebarden der Schweizer scheint ein Unterschied gemacht worden zu sein, allein worin derselbe bestand ist nicht zu ersehen.

richten, als von Ostern biß Michaelis früh umb 3 Uhr und von Michaelis biß Ostern umb 4 uhr, Abends aber iedesmahl umb 9 uhr; Auser am Charfreytage bläset er gar nicht. Darbey auch zu merken, daß an dem heiligen Christag der Thürmer umb 3 Uhr bläset.

4. Sollen die Schalmey Pfeiffer alle Fest und Sonntage von Ostern biß Michaelis frühe umb 4 uhr und von Michaelis biß Ostern umb 5 Uhr blasen, Außer daß Sie am Sontage Judica und Palmarum solches unterlassen.

5. Mit dem Lauten wird es wie zeither gehalten.

6. Das Ausspeisen vor dem Keller soll an hohen Fest- und Sontagen, nicht eher, als biß der Gottesdienst geendet, geschehen.

7. Das Tischblasen durch die Trompeter geschiehet Vormittage umb 12 uhr, an hohen Fest- und Sontagen aber umb halbweg 12 uhr, und Abends jedesmahl um halbweg 7 uhr.

8. Ingleichen soll Mittags und Abends, so lange die Churfl. Herrschaft sich bey der Taffel befindet, das Schloß Thor zugehalten werden.

9. Das Aufziehen derer Guardien, wie bißher, täglich nachmittags umb 3 Uhr, Allein daß am Gründonnerstag und Charfreitag die Wachten nur einander ablösen.

10. Die Nachtwächter blasen die Stunden aus von Ostern biß Michaelis Abends von 10 biß früh umb 2 uhr, von Michaelis biß Ostern aber von 9 biß 3 uhr.

Im Jahre 1673 übernahm, nach einigem Sträuben Seitens der Stände, den Unterhalt der bisher aus der Kammer besoldeten Trabanten-Leibgarde, das Kriegszahlamt, welches den Aufwand für die auf den Beinen habende Soldatesca aus den von der Landschaft bewilligten Steuern zu bestreiten hatte.

Der Unterhalt der Trabanten-Leibgarde erforderte zu diesem Zeitpunkte monatlich 502 Thaler 15 Groschen.

Im Februar 1678 kamen die Brüder des Kurfürsten, die Herzöge von Sachsen-Weißenfels, Sachsen-Merseburg und Sachsen-Zeitz nach Dresden[18]) und gab dieser Besuch, bekannt unter dem Namen der

---

[18]) Am Tage der Ankunft der fürstlichen Brüder standen, wie jederzeit bei festlichen Gelegenheiten, zu denen die Truppen ausrückten, die teutschen Trabanten und die Schweizer in den Schloßhöfen aufgestellt. Der Kurfürst selbst fuhr seinen Brüdern bis an die lichten Eichen an der Meißner Straße entgegen. Zu Seiten des Leibwagens, in welchem bei dem Einzuge nebst dem Kurfürsten, die Herzöge von Weißenfels und von Merseburg Platz genommen hatten, schritten acht Trabanten und acht Schweizer mit entblößten Häuptern.

fürstlichen Zusammenkunft, Anlaß zu einer Reihe von Festlichkeiten und Vergnügungen am Hofe, welche die Dienstleistung der Trabanten vielfach beanspruchten.

Wenige Wochen später verschied der Trabanten-Hauptmann Kammerherr Hieronymus Siegmund Pflugk zu Kottwitz, Ritter[19]), worauf ihm unter dem 1. April 1678 sein Sohn, der Kammerherr Dam Siegmund Pflugk in der Charge als Trabanten-Hauptmann succedirte[20]).

Der Kurfürst erneute im Beginne des Jahres 1680 eine in analoger Weise bereits am 24. Februar 1675 ergangene Verordnung, wie es in der Residenz und Haupt-Vestung Dreßden mit dem Aufziehen der Soldatesqua und mit dem Salvegeben an den hohen Festtagen zu halten sei:

„1. Täglich ziehen die Wachten gegen 3 Uhr auf.

Die teutschen Trabanten stellen sich durchs innere Thor bis in den Schloßhof.

Die Schweizer Trabanten ziehen ins Schloß und zwar zwei Züge bei der Kirche auf die Oberwacht, der dritte bei der Küche vor die kurfürstlichen Gemächer.

Darauf zieht eine Kompagnie von der Unter-Guardi[21]) durch das Schloß und das grüne Thor auf die Vestung.

Der Unter-Guardi folgt die Büchsenmeister[22])-Wacht.

Die Wache von der Leib-Kompagnie[23]) stellt sich in den

---

[19]) Am 15. April fand dessen feierliches Leichenbegängniß statt. Es rückten hierzu aus: die Trabanten-Leibgarde, geführt vom Capitain-Lieutenant von Sebottendorff, in ihrer Livree, mit Binden auf dem Hute, die Schweizer Leibgarde, die Offiziere mit Flören, sowie eine Kompagnie der Unter-Garde. Die Kommandanten dieser Abtheilungen hatten, inhalts der deshalb ergangenen Ordres, wegen des Prozesses sich beim Hofmarschall-Amte Bescheids zu erholen.

[20]) Dam Siegmund Pflugk wurde am 17. April in des Ober-Hofmarschalls von Wolfframsdorff und des Kriegs-Sekretärs, Kriegsraths Schwabe Gegenwart in der kurfürstlichen Rathskammer verpflichtet und folgenden Tages durch den Ober-Hofmarschall der Garde im Reuthause vorgestellt.

Bei derselben Gelegenheit dankte der Capitain-Lieutenant von Sebottendorff von der Kompagnie ab und ersetzte ihn als Capitain-Lieutenant der Kammerjunker und bisherige Lieutenant bei der Unter-Garde, Wilhelm Ernst Bernhard Vitzthum von Eckstädt.

[21]) Die Unter-Guardi, die Besatzung der Festung Dresden, bestand in drei Kompagnien.

[22]) Die Artillerie.

[23]) Im Jahre 1677 wurde die Kompagnie des Hauptmanns Ludwig Heinrich von Sebottendorff von den unter Kommando des Obristlieutenants von Waldau

## I. Die Trabanten-Leibgarde zu Fuß.

vorderen Schloßhof, vom Thore an zu beiden Seiten bis ans innere Thor.

Und lösen sodann sämmtliche Wachten ab.

2. An den drei hohen Festen, als Christ-, Ostern- und Pfingst-Fest werden früh um 4 Uhr auf dem Kreuzthurm drei halbe dreipfündige Schlangen scharf gelöst, worauf auf dem Schlosse, innerhalb und außerhalb der Vestung, auch zu Alten-Dresden (Neustadt) das Fest mit allen Glocken bis halbweg 5 Uhr eingeläutet wird.

3. An den drei hohen Festen ziehen die Garden halbweg 7 Uhr auf.

Die Garde zu Alten-Dresden[24]) (Neustadt) zieht bereits um 6 Uhr auf die halbe Bastion bei der Schiffmühle.

Die hochteutschen Trabanten stellen sich vom vorderen Schloß-Thor über den vorderen Schloßhof bis ins innere Schloß-Thor und Hof.

Die Kompagnie Schweizer Trabanten zieht ins Schloß und stellt sich zwischen das grüne Thor und die Kellerei.

Die drei Kompagnien der Unter-Guardi ziehen durchs grüne Thor und stellen sich in den Zwinger unters Schloß vom Goldhaus an.

Dann zieht das Artillerie-Fähndel durchs Schloß auf den hohen Wall und stellt sich auf den Feuerwerks-Platz.

Die Leib-Kompagnie stellt sich im Zwinger, neben die Unter-Guardi.

Hierauf ziehen die Schweizer Trabanten durch das grüne Thor und den Stall ab.

Die hochteutschen Trabanten aber ziehen ins vordere Schloß.

Darauf wird drei Mal Feuer gegeben. Als:

vom hohen Wall jedes Mal mit drei halben Carthaunen und von den 4 Kompagnien,

dann zu Alten-Dresden (Neustadt) von den Bastionen bei der Schiffmühle auch aus drei Stücken und von der Garde allda,

folgends zu dreien Malen vom hohen Wall, jedes Mal aus drei Mörsern und zwar aus dem 128 Pfünder ein

---

stehenden Freifahndeln hochteutscher Soldaten separirt und zur kurfürstlichen Leib-Kompagnie deklarirt. Dieselbe versah neben den Trabanten und den Schweizern Zug und Wacht im Schlosse zu Dresden.

[24]) Alten-Dresden hatte seine eigene Besatzungs-Kompagnie.

Feuerball mit Schlägen und Granaten, aus dem 96 Pfünder ein brennender Stein, aus dem 64 Pfünder eine scharfe Granate.

Am heiligen Ostertage werden beim Introitu unter den Worten: „Also heilig ist der Tag" auf dem hohen Walle 3 Carthaunen 3 Mal gelöst.

Am hohen Neujahrstage, am Sonntage Quasimodo Geniti und Fest=Trinitatis ziehen die Garden halbweg 7 Uhr auf.

> Die teutschen Trabanten stellen sich über den Schloßhof zu beiden Seiten.
>
> Das Alt=Dresdner Fähndel und daneben die teutsche Leib=Garde (die Leib=Kompagnie) stellen sich unter das Schloß zwischen das Grüne Thor und das Stallthor.
>
> Die Kompagnie Schweizer Trabanten nebst den fünf Fähndeln (die Leib=Kompagnie, die drei Fähndel Unter=Guardi und das Alt=Dresdner Fähndel) und die Artillerie ziehen durch das Schloß.

Und wird eine Salve gegeben:

> 3 halbe Carthaunen, eine auf dem hohen Wall, zwei auf dem Münzberge,
>
> dann von den fünf Kompagnien
>
> 3 Würfe vom hohen Wall (eine Feuerkugel, ein brennender Stein, ein Granat).

Am St. Johannistage ziehen die Garden halbweg 7 Uhr auf.

> Die hochteutschen Trabanten stellen sich zu beiden Seiten über den Schloßhof.
>
> Das Schweizer Fähnlein Trabanten zieht durchs grüne Thor und den Stall.
>
> Die Unter=Garde, das Fähnlein Büchsenmeister und die teutsche Leib=Garde (Leib=Kompagnie) stellen sich gleichwie bei den anderen Festen unter das Schloß und auf den hohen Wall. Es geben unter dem Te Deum laudamus die vier Kompagnien und 3 halbe Carthaunen drei Salven: 1. beim Worte: heilig, 2. bei den Worten: Herr Gott wir loben dich, 3. beim Worte: Amen.
>
> Die Kompagnien ziehen dann durch den Stall wieder ab, das Fähndel Büchsenmeister über die Vestung ins Zeughaus."

Diese Bestimmungen erlitten jedoch eine bedeutende Einschränkung durch die im Jahre 1680 in Dresden ausbrechende

## I. Die Trabanten-Leibgarde zu Fuß.

Contagion und unter dem 1. Juli genehmigte der Kurfürst, welcher sich für seine Person nach Freiberg begeben hatte, auf den vom Trabanten-Hauptmann Dam Siegmund Pflugk an den Ober-Hofmarschall erstatteten Vortrag, daß während der Dauer der Contagion nur das Schloßthor und die nöthigsten Wachtposten vor den Gemächern von den teutschen Trabanten zu besetzen seien[25]).

Nach dem inzwischen im August 1680 erfolgten Ableben des Kurfürsten Johann Georg II. verlieh sein Regierungsnachfolger Kurfürst Johann Georg III. unter dem 8. (18.) Dezember 1680 den Trabanten-Hauptmann-Posten, an Stelle des zum Hofmarschall beförderten Dam Siegmund Pflugk, dem Obrist-Lieutenant Hans Rudolph von Schönfeld[26]).

Seine Vorstellung, welche sich bis zu der nach geendeter Contagion erfolgten Rückkehr des Kurfürsten nach Dresden verzögerte, fand sodann am 7. September 1681 im Zwinger beim Komödienhause durch den Ober-Hofmarschall von Haugwitz statt und trugen bei dieser Gelegenheit die Trabanten zum ersten Mal die neue rothe Liberey[27]).

Seit dem Jahre 1682 befehligte Hans Rudolph von Schönfeld zugleich das kurfürstliche Leib-Regiment zu Fuß und im Jahre 1683 ging er als Obrister über eines der in venetianische Kriegsdienste überlassenen sächsischen Regimenter nach Morea, woselbst er vor Napoli di Romania verstarb.

Das Interims-Kommando bei der Trabanten-Leibgarde führte seit dem Jahre 1683 der Capitain-Lieutenant von Vitzthum, bis 1686, am 28. Oktober Hans Siegmund Pflugk zum Trabanten-Hauptmann ernannt wurde.

---

[25]) Die Schweizer wurden damals ganz aus der Stadt herausgezogen und nach Tharandt verlegt, nachdem sie eine Zeit lang auf freiem Felde Contumaz gehalten.

[26]) 1680, 8. (18.) Dezember leistete der Trabanten-Hauptmann von Schönfeld auf dem Schlosse Ortenburg zu Budißin in kurfürstlicher Durchlaucht Zimmer, in dessen hoher Gegenwart, die Pflicht.

Des Ober-Hofmarschalls von Haugwitz Exzellenz that den Vortrag und der Geheime Kriegs-Sekretär Landsberg las den Inhalt des Juraments vor, worauf der Trabanten-Hauptmann den Eid ablegte und Sr. kurfürstlichen Durchlaucht den Handschlag gab.

[27]) Wie lange die Trabanten die rothe Montur getragen, hat sich nicht ermitteln lassen. Vierzig Jahre später war die Montur wieder gelb, aber nicht wie vor dem Jahre 1681, gelb mit schwarz, sondern gelb mit blau.

Unter dem 1. Januar 1688 ließ der Kurfürst die nächst der prima plana aus 3 Rotten, jede Rotte zu 2 Rottmeistern und 16 Trabanten bestehende Garde, um 1 Lieutenant[28]), mit 25 Thaler monatlicher Besoldung, 2 Rottmeister und 24 Mann verstärken. Auch finden sich bei dieser Gelegenheit zuerst die, mit der Anwartschaft auf das Einrücken in vakante Stellen, bei der Garde in Pflicht stehenden Expektanten erwähnt, welche Montur und beziehentlich Auslösung, aber keine Besoldung erhielten.

Nach der Wahl des Kurfürsten Friedrich August zum König von Polen im August 1697 ging unter Kommando des Capitain-Lieutenants Bose ein Detachement der Leibgarde-Trabanten nach Krakau, wo am 2. (12.) September der feierliche Einzug des Königs und am 5. (15.) September die Krönung stattfand, kehrte dann aber sofort wieder nach Sachsen zurück[29]).

Im Jahre 1698, als zur Herbeiführung von Ersparnissen die gesammte Hofstatt eine bedeutende Reduktion erfuhr, wurde durch Ordre vom 18. Juli auch die Trabanten-Leibgarde zu Fuß, sammt dem Hauptmann, ihrer Dienste und Pflichten entlassen[30]).

---

[28]) Die Verpflichtung der Offiziere der Trabanten-Leibgarde geschah jederzeit durch den Ober-Hofmarschall in Gegenwart des Trabanten-Hauptmanns.

Was im Uebrigen die Jurisdiktionsverhältnisse des Marschall-Amtes der Garde gegenüber betrifft, so ist zu erwähnen, daß im Jahre 1689 die Untersuchung gegen einen Trabanten, der die Wache verschlafen hatte, nicht beim Ober-Hofmarschallamte, sondern von einem unter Vorsitz des Obristen von Fölkersamb besonders deshalb niedergesetzten Kriegsgerichte, durch den General-Auditeur geführt wurde.

[29]) Im Schlosse zu Dresden zogen täglich auf Wacht: 2 Rottmeister, 1 Pfeifer, 1 Trommelschläger und 24 Trabanten.

Letztere hatten 12 Posten zu besetzen:
2 Mann vor Sr. k. Majestät Zimmer,
2 „ vor Jhro Hoheit, der königlichen Frau Mutter Zimmer,
2 „ vor Sr. kurprinzlichen Durchlaucht Zimmer,
1 „ vor dem Schloßthore,
1 „ im kleinen Schloßhofe,
1 „ im großen Schloßhofe,
1 „ vor dem grünen Thor,
1 „ beim schwarzen Gange,
1 „ beim Trabanten-Hauptmann.

Die Wachtposten löseten, wie der Trabanten-Hauptmann in seinem hierauf bezüglichen Berichte sagt: eine um die andere Stunde ab, nicht, wie es sonst gebräuchlich, um die dritte Stunde.

[30]) Der König beschäftigte sich damals mit dem Projekte, für den Dienst zu Warschau in den katholischen Kantonen eine Leibgarde aus eingeborenen Schweizern errichten zu lassen. Die Anwerbung kam jedoch nicht zu Stande.

## I. Die Trabanten-Leibgarde zu Fuß.

Am 5. August Nachmittags 2 Uhr zogen in Folge dessen die Kadetten aufs Schloß, lösten die Trabanten ab und besetzten die gewöhnlichen Posten.

Bereits 1699 24. Juli (3. August) erging jedoch Seitens des Königs Befehl, die teutsche Trabanten-Garde zu Fuß aufs Neue aufzurichten, mit der besonders angefügten Bestimmung, daß der Hauptmann Niemand als Trabanten annehmen dürfe, der nicht Sr. k. Majestät als Unteroffizier, oder doch sonst im Kriege, treue Dienst geleistet und sich also dazu meritirt gemacht habe [31].

Der Bestand sollte anfangs nur 48 Trabanten und einschließlich der Offiziere, Unteroffiziere und Spielleute 62 Mann betragen [32].

Allein bereits 1705, am 1. Juli erfolgte eine Verstärkung der Garde um 24 Trabanten und im August 1709 traten hierzu noch 24 Expektanten [33].

Den Fourier benannte man seit dem März 1710 Wachtmeister-Lieutenant.

---

[31]) Zugleich wurde angeordnet, die Mannschaft mit neuer Livree zu versehen.

Ueber deren Anschaffung ist jedoch keine andere Nachricht vorhanden, als daß der Ober-Hofjägermeister von Erdmannsdorff Befehl erhielt, aus den Vorräthen 45 Hirschhäute zu den Wehrgehenken und Handschuhen an die Garde verabfolgen zu lassen.

Nur gelegentlich enthält sodann ein Bericht des Trabanten-Hauptmanns die Andeutung, daß die Trabanten ein schweizerisches Habit trugen.

Im Oktober 1702, als die Mutter der Königin, die verwittwete Markgräfin von Brandenburg-Baireuth verstarb, sollte die Trabanten-Garde schwarz gekleidet werden, da es nicht schicklich wäre, wenn die Trabanten im bunten Habit die schwarz bekleideten Gemächer besetzten. Nach längeren Streitigkeiten zwischen der Kammer und dem Kriegszahlamte, wer den Aufwand für Anschaffung der Trauerkleidung zu bestreiten habe, befahl endlich der König an, daß von der Kammer die nöthigen Mittel anzuweisen seien, um zwei Rotten schwarz zu bekleiden. Am 2. November zog in Folge dessen die Wachtmannschaft in schwarzer Kleidung auf, jedoch mit roth und gelbem Bande. Die Hellebarden mit schwarzen Quasten und darüber gezogenen silbernen Spitzen gab das Hauptzeughaus ab.

[32]) Die Musterung der wieder hergestellten Garde fand im November statt. Den wachthabenden Mannschaften, täglich 2 Rottmeister, 2 Spielleute und 17 Trabanten wurde auf Antrag des Trabanten-Hauptmanns Pflugk die ehemals gehabte Speisung an mahlzeitlich 1 Kanne Bier und 1 Brot, wieder geordnet.

Hierüber erhielt der Fourier mahlzeitlich ein halbes Maaß Wein.

[33]) Ohne Zweifel stand die letztgedachte Augmentation im Zusammenhange damit, daß die Garde du Corps, welche im Jahre 1706 aus Polen nach Sachsen zurückgekehrt war und sich in den Jahren 1707 bis 1709 am Herrenwachtdienste zu betheiligen gehabt hatte, im letztgedachten Jahre wieder nach Polen aufbrach.

Der Etat war nunmehr, und zwar unverändert[84]), bis zum Jahre 1725:

| | | | |
|---:|---|---:|---|
| 100 | Thaler | — | Groschen der Trabanten-Hauptmann, |
| 50 | „ | — | „ der Capitain-Lieutenant, |
| 30 | „ | — | „ der Lieutenant, |
| 9 | „ | 15 | „ 1 Secretarius, |
| 13 | „ | 12 | „ 1 Wachtmeister-Lieutenant, |
| 7 | „ | — | „ 1 Feldscheer, |
| 21 | „ | — | „ 3 Rottmeister, |
| 21 | „ | — | „ 3 Reise-Rottmeister, |
| 10 | „ | 12 | „ 2 Pfeifer, |
| 10 | „ | 12 | „ 2 Trommelschläger, |
| 10 | „ | 12 | „ 2 Fourierschützen des Trabanten-Hauptmanns, |
| 378 | „ | — | „ 72 Trabanten à 5 Thaler 6 Gr. 24 Expektanten. |
| 661 | Thaler | 15 | Groschen |

Hierüber: 296 „ 5 „ 7/8 Pfennige zur Bekleidung, einschließlich der Montirung der Expektanten.

957 Thaler 20 Groschen 7/8 Pfennige.

Quartiere oder Quartiergelder wurden weder den Offizieren noch den Trabanten angewiesen und hatten dieselben daher für ihr Unterkommen selbst zu sorgen.

Der Trabanten-Hauptmann Kammerherr Hans Siegmund Pflugk verschied am 24. Dezember 1710 und unter dem 3. Februar 1711 folgte ihm der Kammerherr Rudolph Gottlob Freiherr von Seyffertitz, bisher Rittmeister bei der Garde du Corps, als Trabanten-Hauptmann.

Seine Bestallung stimmt in allen wesentlichen Punkten und meist sogar auch dem Wortlaut nach mit derjenigen überein, welche am 10. Februar 1657 Hieronymus Siegmund Pflugk bei seiner Ernennung zum Trabanten-Hauptmann erhalten hatte.

An den Ober-Hofmarschall Grafen Pflugk erging aus Anlaß dieser Ernennung ein Reskript, welches besagt: Euch ist bereits bekannt, daß Wir die erledigte Charge eines Hauptmanns über Unsere Trabanten-Leibgarde zu Fuß Unserem Kammerherrn von Seyffertitz konferirt. Nachdem nun besagte Garde jederzeit von

---

[84]) Seit dem Jahre 1714 waren der Trabanten-Leibgarde zwei Waldhornisten und 4 Musici (Hautboisten) zugetheilt. Dieselben standen jedoch nicht auf dem Besoldungs-Etat und trugen auch nicht die Montur der Garde.

## I. Die Trabanten-Leibgarde zu Fuß.

Unserm Ober-Hofmarschallamte dependirt, so hat es hierbei nicht allein sein fernerweites Verbleiben, sondern Wir haben auch für gut angesehen, die Auszahlung des Traktaments[35]), und die Anschaffung der Montur euch aufzutragen, gestalt denn das Geheime Kriegsraths-Kollegium Befehl erhalten, die erforderlichen Gelder monatlich an euch auszuzahlen.

Ferner heißt es dann in dem Reskript: der König trage zu dem Ober-Hofmarschalle Grafen Pflugk das Vertrauen, er werde sorgsame Obsicht haben, daß die Garde jederzeit in gutem Zustande gehalten werde. Der Trabanten-Hauptmann Freiherr von Seyffertitz sei angewiesen worden, ohne des Ober-Hofmarschalls Vorwissen keinen Mann zu entlassen oder anzunehmen, und sollten die einzustellenden Trabanten gediente Leute sein von gutem Ansehen und guter Reputation, auf welche man sich wegen Bewachung des Schlosses und sonsten wohl verlassen könne.

Nach Ablauf der gewöhnlichen Montirungs-Periode erhielt die Trabanten-Leibgarde im Jahre 1718 neue Montur und ergiebt sich aus den noch vorhandenen Rechnungen, daß Rock, Hosen und Mantel damals gelb, die Aufschläge, das Kamisol und der Mantelkragen bleu mourant waren. Sämmtliche Mannschaften trugen ein Achselband, lange lederne mit Fransen besetzte Wehrgehenke und wildhäutene Handschuhe. Zur Ausstaffirung des Hutes gehörten eine silberne Tresse und 8 Ellen bleu mourant-weißes Band. Die Montur kostete, einschließlich der Schuhe, sowie der gewalkten und gestrickten Strümpfe für einen Trabanten 52 Thaler 2 Groschen, 3 Pfennige, für einen Unteroffizier 86 Thaler, 12 Groschen, 3 Pfennige, der Aufschlag der Unteroffiziers-Monturen war mit einer breiten silbernen Tresse eingefaßt, das Achselband und der Fransenbesatz des Wehrgehenkes, statt wie bei den Trabanten von Kameelhaar, von Seide, und das Tuch von feinerer Qualität[36]).

Die Offiziere, einschließlich des Wachtmeister-Lieutenants, trugen, statt der gelben, blaue Röcke mit silber-geschlungenen Achselbändern und mit Silbertressen besetzten Wehrgehenken.

---

[35]) Auf Antrag des Freiherrn von Löwendal, des Nachfolgers des Grafen Pflugk in der Ober-Hofmarschalls-Charge, genehmigte der König im Mai 1712, daß die Traktaments-Gelder aus der General-Kriegs-Kasse direkt dem Trabanten-Hauptmann, und daher in Zukunft nur die Montirungs-Gelder dem Ober-Hofmarschallamt zugestellt würden.

[36]) Die im Jahre 1718 angelegte Montur kostete praeter propter 6500 Thaler.

Beim Herannahen der aus Anlaß der Vermählung des Kur=
prinzen im Jahre 1719 zu veranstaltenden Festlichkeiten fand
jedoch der König die Montur der Trabanten zu einfach und der
Ober=Kämmerer Graf Vitzthum erhielt den Auftrag, eine reicher
ausgestattete Montur, nach Schweizer Art, fertigen zu lassen[37]).

Die Farben derselben blieben die nämlichen, wie bei der bisher
getragenen Montur, daher blau für die Offiziere und gelb.
mit blau für die Mannschaften. Allein für die blauen (bleu
mourant) Aufschläge wählte man Sammet und ebenso für die
mit Federn geschmückten Hüte, schwarzen Sammet. Die geschlitzten
mit blau seidenen Bauschen (Puffen) versehenen Wämser und Hosen
waren mit silbernen Tressen sowie mit Borden und Bändern besetzt.
Schuhe, blaue Strümpfe und große mit bleu mourant Band durch=
zogene leinene Halskrausen vervollständigten diesen Anzug.

Die silbernen Quasten an den Partisanen kosteten 28 Thaler
für den Trabanten=Hauptmann, 20 Thaler für die Offiziere,
12 Thaler für die Unteroffiziere und 8 Thaler für die Trabanten.

Von den Offizieren erhielt Jeder zu Anschaffung der Schweizer
Montur 295 Thaler und der Trabanten=Hauptmann, welcher ein
Kleid von bleu mourant Sammet nebst einer Weste von drap
d'argent trug, sogar 568 Thaler[38]).

Neben der neuen Parade=Schweizermontur wurde jedoch die
bisher getragene, nunmehr als deutsche Montur bezeichnete Be=
kleidung für den Gebrauch im alltäglichen Dienste beibehalten[39]).

Kurz vor dem Beginn der Vermählungs=Festlichkeiten verlieh
der König am 19. Juni 1719 dem Trabanten=Hauptmann Frei=
herrn von Seyffertitz den Rang als Ober=Hofbeamter, unter Bei=
fügung der Bestimmung, daß die nach dem Ober=Kämmerer im
Range folgenden Ober=Hofchargen in Zukunft nach dem Dienst=
alter rouliren sollten.

---

[37]) Der Aufwand für die Anschaffung dieser Montur überstieg 10 000 Thaler.

[38]) Es kostetet ihm das Band um die Hosen mit Nesteln allein 60 Thaler,
die Spitzen en points d'Espagne zum Wehrgehenke 80 Thaler, das Bouquet
Federn auf dem Hut 50 Thaler und die Silber=Garnitur 150 Thaler.

[39]) Je nach Gelegenheit des Falles wurde die eine oder die andere Montur
getragen. So berichten zum Beispiel die Hofmarschallamts=Journale: 1720. am
29. Dezember beim Kirchgang der Prinzessin zogen die Trabanten in der Schweizer
Montur auf.

1721 erhielten die Trabanten zum Ersatz der seit 1718 getragenen, eine neue
deutsche Montur und legten dieselbe am 2. Juni, dem Pfingst=Sonntage, zum
ersten Mal an.

## II. Die Trabanten-Leibgarde zu Fuß.

Im Frühjahr 1719 ereignete sich wegen des Herrenwachtdienstes ein ernster Konflikt zwischen der Trabanten-Leibgarde zu Fuß und der Garde du Corps, indem der General Fürst Lubomirski, welcher die in Sachsen stehenden Brigaden der letzteren befehligte, mit den Prärogativen der Garde du Corps es nicht vereinbar fand, die Fuß-Trabanten förmlich ablösen zu lassen, sondern die Posten nur besetzen wollte, wenn die Fußtrabanten-Garde zuvor abgegangen sei. Als daher am 18. April ein Kommando der Garde du Corps in das kurprinzliche Palais rückte, um an Stelle der Fuß-Trabanten die Wache daselbst zu übernehmen, ließ der aufführende Offizier die Trabanten, ohne Beobachtung jeder Förmlichkeit, von den Posten wegdrängen. Der Trabanten-Hauptmann Freiherr von Seyffertitz forderte in Folge dessen den Capitain-Lieutenant von Liebenau, welcher den Vorgang ohne Einspruch hatte geschehen lassen, sofort den Degen ab und erhob Beschwerde beim König. Die Allerhöchste Resolution lautete dahin: daß hinfort die königlichen Leib-Garden eintretenden Falles sich nach militärischem Gebrauche abzulösen hätten. Fürst Lubomirski werde in Ansehung seiner bei dem Exzesse vorgeschützten guten Intention zwar pardonnirt, allein es sei demselben durch seinen Chef, den Herzog von Sachsen-Weißenfels, in Gegenwart des Trabanten-Hauptmanns, eine harte Rüge zu ertheilen.

Der Trabanten-Hauptmann bat im April 1722, da er in Ansehung der vielen unter der Garde befindlichen alten Leute, den angestrengten Dienst mit der vorhandenen Mannschaft nicht zu bestreiten vermöge, um Verstärkung der Garde, erhielt jedoch zur Antwort, daß bei dem dermaligen Zustande der General-Kriegskasse eine Erhöhung des Etats nicht bewilligt werden könne, und seien bei Solennitäten oder extraordinären Aufwartungen, die Kompagnie der adligen Kadets, sowie die Garnison zur Dienstleistung heranzuziehen.

Im Jahre 1723 erhob der Trabanten-Hauptmann wiederholte Beschwerde wegen Beeinträchtigung der Trabanten-Leibgarde durch die Garde du Corps im Herren-Wachtdienste. Da er jedoch seine Behauptungen nicht ausreichend zu begründen vermochte, wurde ihm auf Befehl des Königs durch den Ober-Hofmarschall eröffnet, daß Se. Majestät mit dergleichen Klagen verschont zu bleiben wünsche.

Der König ernannte am 23. März 1725 den Trabanten-Hauptmann Kammerherrn Freiherr von Seyffertitz zum Ober-

Schenken und am 4. April übergab auf Allerhöchsten Befehl der Ober-Hofmarschall Freiherr von Löwendal das Interims-Kommando bei der Trabanten-Leibgarde dem Capitain-Lieutenant Johann Adolph von Liebenau.

---

## II. Die Schweizer Leib-Garde.

Durch ein vom 24. Mai 1725 datirtes königliches Reskript wurde die Benennung Trabanten-Leibgarde in Schweizer Leib-Garde, sowie die Benennung Trabanten-Hauptmann in Schweizer-Hauptmann umgewandelt und Pierre Prohenques[40]) zum Schweizer-Hauptmann erklärt.

Bis auf diejenigen Punkte, welche davon handeln, daß die Trabanten-Leibgarde in Zukunft unter der Bezeichnung als Schweizer Garde aus eingeborenen Schweizern bestehen sollte, beruht die Bestallung des Schweizer-Hauptmanns Prohenques in der Hauptsache noch auf den in den Bestallungen der früheren Trabanten-Hauptleute enthaltenen Bestimmungen und heißt es in derselben:

„Il aura l'oeil et tiendra la main à ce que les gardes de Nos Suisses se fassent exactement.

Il visitera soigneusement les postes lui même et par ses subalternes, empêchant qu'il n'entre personne d'inconnu ou de suspect dans le château ou Quartier du Roi.

Il fera observer à la Garde tout ce qui lui est enjoint et en particulier par les articles lesquels il fera lire au moins une fois tous les trois mois à Nos Gardes Suisses.

---

[40]) Pierre Prohenques, gebürtig aus Beaujolais, hatte bis zum Jahre 1724 in französischen Kriegsdiensten gestanden und sich am 24. Mai 1724 zu Warschau vermählt mit Mademoiselle Des Barques (oder du Parc), der Tochter des Tänzerpaares Des Barques. Höchstwahrscheinlich war aber Des Barques nur ihr Pflegevater und sie selbst die natürliche Tochter des Königs. Der im Stillen begangenen Vermählungsfestlichkeit wohnten nur bei: Der König, Monsieur und Mademoiselle Rutowsky, sowie Monsieur de Chabirac, ein alter Offizier der Chevaliers-Garde.

1725 im Juni ging im Auftrage des Königs der Schweizer-Hauptmann Prohenques nach Paris zur Beglückwünschung des Königs Ludwig XV. aus Anlaß seiner Vermählung mit Marie Leszczynska.

Il punira ceux qui y contreviendront s'adressant à Nous et à Notre Grand-Maréchal, lorsqu'il s'agira d'affaires d'honneur ou des crimes capitaux.

Il observera bien de ne recevoir personne dans ce Corps, qui n'ait servi ou qui n'en soit digne de quelque autre manière, tâchant d'y faire entrer des Suisses-nationaux.

Il ne pourra enroler ni congédier personne sans Notre aveu ou du moins sans celui de Notre Grand-Maréchal.

Il sera tenu de veiller exactement à la sureté du Château de Notre Residence.

Il fera de temps en temps la visite des appartements ouverts et observera que tout y soit en ordre et propre, autant que cela regardera sa fonction, s'adressant à ceux que cela regarde, quand il ne dépendra pas de lui d'y remédier.

Il aura toujours en garde les clefs du château et il ne les remettra à l'officier Subalterne de garde, que lorsqu'il s'agira de fermer les portes.

Il sera obligé de passer la nuit dans Notre château, ou en son absence quelqu'un des autres officiers, qui en ce cas là gardera les clefs et auquel on enseignera pour cet effet une chambre à la cour.

En cas de feu ou d'alarme le capitaine et les autres officiers seront obligés d'être alerte et de se rendre à la garde afin d'être à portée de Nous faire rapport de ce qui se passe et de recevoir Nos ordres [41]).

En outre le capitaine Nous rendra compte de ce qu'il saura ou apprendra de contraire à Nos interêts, n'en parlant et n'en relevant le secret à personne sans Notre ordre.

De plus le capitaine de Notre Garde Suisse ne pourra s'absenter de Notre cour ou s'éloigner de Nous sans Notre congé et permission.

Du reste Nous avons résolu d'augmenter le nombre de la Garde et voulons qu'à l'avenir ce Corps porte le nom de Garde Suisse et soit composé de Suisses nationaux. La mesure que le monde doit avoir sera entre 77 et 78 pouces."

Zur Besoldung erhielt der Schweizer-Hauptmann den etatsmäßigen Gehalt von jährlich 1200 Thalern aus der General-

---

[41]) Kurz darauf wurde anbefohlen, daß bei dem mindesten Alarm in der Stadt oder im Schlosse und eben so beim Ausbruche eines Gewitters, die gesammte Mannschaft der Garde sich im Schlosse zu versammeln habe.

Kriegskasse, 126 Thaler für zwei Fourierschützen (archers) nebst einer Zulage von 474 Thalern aus der königlichen Schatulle, zusammen also 1800 Thaler, und der Rang wurde ihm unter den Ober=Hofchargen nach dem Hofmarschall angewiesen [42]).

Zunächst blieb der Etat der Schweizer=Garde bis zum Jahre 1730 unverändert, doch war der Schweizer=Hauptmann bemüht, die Garde in mehr militärischer Weise zu organisiren. Dieselbe wurde mit Flinten und Patrontaschen versehen, mußte fleißig exerziren und im Gebrauche des Gewehres sich üben.

An Stelle der beiden Schweizer=Offiziere, des Capitain=Lieutenants von Liebenau und des Lieutenants von Parun, traten als jüngere Kräfte der Obrist und General=Adjutant von Diesbach als Capitain=Lieutenant und Graf Cronhielm als Lieutenant.

Außerdem sagte der König zu, in Zukunft noch einen Sous=Lieutenant, sowie einen Fähnrich anzustellen und den Offizieren einen militärischen Grad in der Armee zu verleihen: dem Capitain=Lieutenant als Obrist, dem Lieutenant als Obrist=Lieutenant, dem Sous=Lieutenant als Major und dem Fähnrich als Capitain.

Seit dem 1. Januar 1730 trat der nachstehende neue Etat ins Leben:

| | | | |
|---|---|---|---|
| 100 ecus | — Gr. | 1 | Capitaine, |
| 65 ,, | — ,, | 1 | Capitaine-Lieutenant, |
| 50 ,, | — ,, | 1 | Lieutenant, |
| 30 ,, | — ,, | 1 | Sous=Lieutenant, |
| 25 ,, | — ,, | 1 | Enseigne, |

---

[42]) Den Eid der Treue legte der Schweizer=Hauptmann am 28. Mai in Pillnitz ab.

Wegen der Vorstellung verordnete der Ober=Hofmarschall, daß der Capitain-Lieutenant von Liebenau die Kompagnie der vormals Fuß=Trabantengarde und nunmehr denominirten Schweizer Garde am 29. Mai Morgens 5 Uhr auf dem innern großen Schloßhofe stellen solle. Gegen 1/2 6 Uhr trafen Sr. Excellenz im Ober=Hofmarschallamte ein, ließen den Herrn de Prohenques zu sich berufen, begaben sich mit demselben zur Kompagnie, welche das Gewehr präsentirte, stellten den Herrn de Prohenques der Kompagnie vor und übergaben ihm das Kommando.

Mr. de Prohenques bedankte sich sodann gegen den Ober=Hofmarschall und nachdem Sr. Excellenz weggegangen, ließ er sich durch seinen Kammerdiener die Partisane reichen und führte die Kompagnie über den Schloßhof durch das Grüne Thor vor sein Quartier. Hier angelangt, wurde das Gewehr präsentirt und dann geschultert, worauf die Kompagnie auseinander ging. De Prohenques kommandirte nur „Marsch", das Präsentiren und Schultern kommandirte der Capitain-Lieutenant.

(Hofmarschallamts=Journal.)

## II. Die Schweizer Leib-Garde.

|   |   |   |   |
|---|---|---|---|
| 9 ecus | 15 Gr. | 1 | Secretaire, |
| 13 „ | 12 „ | 1 | Wachtmeister-Lieutenant, |
| 8 „ | — „ | 1 | Porte-Enseigne, |
| 7 „ | — „ | 1 | Chirurgien, |
| 7 „ | — „ | 1 | Fourier, |
| 42 „ | — „ | 6 | Rottmeister ou caporaux à 7 ecus, |
| 15 „ | 18 „ | 3 | Pfiffer à 5 ecus 6 Gr., |
| 15 „ | 18 „ | 3 | Tambours à 5 „ 6 „ |
| 504 „ | — „ | 96 | Suisses à 5 „ 6 „ |
| 21 „ | — „ | 4 | Charpentiers à 5 „ 6 „ |
| 10 „ | 12 „ | 2 | Archers (Fourierschützen) du capitaine à 5 ecus 6 Gr. |
| 42 „ | — „ | 8 | Musiciens à 5 ecus 6 Gr. |
| 966 ecus | 3 Gr. | | |
| 33 „ | 21 „ | | pour les dépenses courantes, comme la reparation des armes, de la Mondirung etc. etc. dont il sera rendu compte |
| 1000 ecus par mois. | | | |

Ueber diese 1000 Thaler monatlich gab der König die Kleidung.

Für die deutsche Montur war eine dreijährige, für die Schweizer Gala-Montirung eine sechs- bis achtjährige Haltezeit in Aussicht genommen [43]), und belief sich der Aufwand für die Anschaffung einer deutschen Montirung auf 6000 bis 7000 Thaler für die Gala-Montur auf ungefähr 10000 Thaler.

Eingetheilt war die Schweizer Garde in sechs Rotten [44]) und für den täglichen Wachtdienst in drei Abtheilungen, jede zu zwei Rotten.

Zur Schloßwache zogen täglich auf:

1 Offizier, 2 Rottmeister, 1 Tambour und 1 Pfeifer, 32 Schweizer, 4 Zimmerleute, 8 Hautbois,

von denen nach der Parade zwei Zimmerleute und die Hautbois wieder abgingen.

---

[43]) Jedes Mal, wenn die Garde neue Montur erhielt, wurden auch die Offiziere mit einer solchen versehen, jedoch hatten dieselben gegen Auszahlung eines Geldäquivalents für die Anschaffung selbst Sorge zu tragen.

Letzteres betrug, nach den Graden abgestuft, für die deutsche Montur zwischen 230 bis 270 Thaler, für die Schweizer Montur zwischen 500 bis 600 Thaler.

[44]) Lorsqu'on fait un détachement de 30 hommes il est commandé par un officier à hausse col, lorsqu'il est de 20 hommes il est commandé par le Wachtmeistre et lorsqu'il n'est que de 12 hommes il est commandé par un Rottmeistre.

Zu besetzen waren durch die Schweizer bei Anwesenheit des Königs in Dresden:

> Eine Post vor dem Silber-Paradegewölbe im Thurm;
> eine Post bei Sr. Hoheit des königlichen Prinzen Quatrou;
> eine Post vor Ihrer Hoheit der königlichen Prinzessin Retirade an der Wendeltreppe;
> eine Post bei Sr. Hoheit des königlichen Prinzen Schlafgemach an der Hofkapelle;
> eine Post bei der Durchlaucht jungen Herrschaft Paradezimmer am Ballhause;
> eine Post bei der Durchlaucht jungen Herrschaft Schlafzimmer im Palais nach der Brüdergasse;
> eine Post beim Schweizer-Hauptmann;
> zwei Posten am vorderen Schloßthore;
> eine Post am Mittelthor im großen Schloßhof;
> eine Post am grünen Thor.

Von diesen elf Posten gingen während der Nacht ab die Post beim Schweizer-Hauptmann, eine der beiden Posten am vorderen Schloßthor und die Post am grünen Thor, welches geschlossen wurde.

Wenn die hohe Herrschaft im königlichen Residenzschlosse nicht gegenwärtig war, hatten die Schweizer zwölf Posten zu besetzen, indem solchen Falles die Post der Garde du Corps im Gange bei der englischen Treppe, nach Sr. k. Majestät zwei neuen Sälen zu, abging und von den Schweizern übernommen wurde.

Dem Offizier du jour war zum Aufenthalt ein Zimmer im königlichen Schlosse eingeräumt. In der Regel bewohnte dasselbe jedoch einer der unverheiratheten Offiziere der Schweizer Garde.

Wegen Anwerbung von eingeborenen Schweizern war der Capitain-Lieutenant Obrist Freiherr von Diesbach bereits im Dezember 1729 mit Krediitven an den Abt von St. Gallen, sowie an die Behörden der Kantone Bern und Freiburg abgesendet worden. Allein die Mission hatte keinen nennenswerthen Erfolg, so daß der König schließlich erklärte, es sei ihm indifferent, von welcher Nation die Mannschaft sein möchte, wenn die Kompagnie nur bis Ostern 1730 vollzählig gestellt werde.

Thatsächlich ist seitdem kein weiterer Versuch gemacht worden, die Garde aus eingeborenen Schweizern zusammenzusetzen.

In den zahlreich vorhandenen Denkschriften des Schweizer-

## II. Die Schweizer Leib-Garde.

Hauptmanns Prohenques wegen Formirung der Garde[45]) gebrauchte er mit Vorliebe den Ausdruck „les Cent Suisses" und unverrückt behielt er das Ziel im Auge, ein Korps gleich den Cent Suisses am französischen Hofe zu schaffen, deren Capitain nur von den direkten Befehlen des Königs abhing. Namentlich suchte er sich der Dependenz vom Ober-Hofmarschallamte zu entledigen, indem er für die Garde ihre eigene Jurisdiktion und daher zunächst begehrte, die Offiziere selbst in Pflicht nehmen zu dürfen, statt sie deshalb ins Ober-Hofmarschallamt zu stellen.

Letzteres wahrte jedoch seine althergebrachten Privilegien und setzte in einem Mémoire pour donner connaissance de quelques difficultés entre la Maréchaussée et le Capitaine des Cent Suisses, den Unterschied auseinander, welcher zwischen den Cent Suisses am französischen Hofe und denen am sächsischen Hofe bestehe.

Erstere traten durch eine Kapitulation mit den schweizerischen Behörden in französischen Sold und übten auf Grund dieser Kapitulation ihre eigene Jurisdiktion nach schweizerischem Rechte aus. Ferner bildeten diese Cent Suisses eine persönliche Leibwacht des Königs von Frankreich und bezogen die Wacht neben den vornehmsten Garden des Königreichs in der Salle des Gardes, nahe den königlichen Gemächern, während der Eingang des Schlosses durch andere Truppentheile besetzt sei.

Ein anderes Verhältniß walte am Hofe zu Dresden ob. Hier bestehe die Schweizer Garde, nachdem der Versuch, dieselbe aus eingeborenen Schweizern zusammenzusetzen, nicht zum Ziele geführt, aus Landeskindern und neben der Ehre, dem König als Leibwacht zu dienen, liege den Schweizern auch die Verpflichtung ob, das Schloßthor zu bewachen und befinde sich daher ihre Wachtstube neben dem Eingange in das Residenzschloß[46]).

---

[45]) Aus diesen Denkschriften läßt sich ersehen: daß die Garde in der Kolonne zu Vieren marschirte, daß der Capitain oder in seiner Abwesenheit der nach ihm kommandirende Offizier die Parole jeden Abend vom König selbst empfing, daß die Offiziere im Dienste Stäbe von Ebenholz mit elfenbeinenen Knöpfen führten und anderes dergleichen Detail mehr.

Zu den Phantasien des Schweizer-Hauptmanns Prohenques gehörte es, die Garde mit einer Fahne zu versehen. Es findet sich jedoch keine Nachricht, daß eine solche angeschafft worden wäre.

[46]) Ferner wird ausgeführt, daß die Schweizer Garde am sächsischen Hofe die meiste Aehnlichkeit mit der am englischen Hofe besitze. Letztere trage ebenfalls schweizerische Tracht, bestehe aber aus Landeskindern und sei der Autorität des Ober-Kammerherrn unterstellt, während an den Höfen zu Madrid und zu Berlin die Verhältnisse denen der Cent Suisses am französischen Hofe analog seien.

Das Mémoire bemerkt dann, daß von jeher dem Ober-Hofmarschall die Autorität über die Offiziere des landesherrlichen Hauses zugestanden habe und schließt mit den Worten: „Les gardes à pertuisane de Vôtre Majesté sont sous l'inspection de Votre Grand Maréchal, ils passent en revue devant lui, il en a le droit de justice il en reçoit le serment des officiers, il leur donne leurs instructions et en l'absence de Votre Majesté ils sont obligés de prendre Ses ordres.

Mais comme l'obéissance et la soumission entière de Vos officiers de la Maréchaussée leur sont aussi chères, que l'obligation de maintenir leur prérogatives, ils suplient Votre Majesté, si Elle juge à propos de changer quelque chose dans la discipline des Cent Suisses, d'avoir la bonté de les en informer, afin, qu'en éxécutant Vos ordres, ils puissent prevenir les difficultés dans le service de Votre Majesté et Lui persuader que la seule gloire, où ils aspirent, est de Vous obéir."

Der König war aber keineswegs geneigt, die Vorrechte des Ober-Hofmarschallamtes zu beeinträchtigen, und was die Verpflichtung der Schweizer Offiziere betrifft, befahl er durch eine eigenhändige Niederschrift an, eine Ordre an den „Drabanten-Hauptmann" auszufertigen, daß, dem alten Herkommen nach, die Offiziere vor das Marschallamt zu stellen seien, woselbst dieselben in seiner Gegenwart die Pflicht zu leisten hätten[47]).

Am Zeithainer Campement nahm die Schweizer Garde nicht theil, sondern es ging nur ein Detachement derselben nach Tiefenau, um im dortigen Schlosse, dem Hauptquartier des königlichen Prinzen, die Wacht zu versehen[48]).

Nach Beendigung des Campements ließ der König 1730, am 1. August, auf der Venus-Bastei die Schweizer Garde die Musterung

---

[47]) Die Ordre lautete: Mr. de Prohenques. L'ancien usage et les ordonnances veulent, que les officiers de la Garde Suisse prêtent serment devant le Maréchal-Amt et que vous y soyez présent en qualité de capitaine de la dite garde. Je vous fais celle-ci pour vous faire connaitre, que vous ayez à vous y conformer. Sur ce je prie Dieu qu'il vous ait, Mr. de Prohenques, en sa sainte garde. A. R.

[48]) Das Detachement traf am 30. Juni wieder in Dresden ein. Am folgenden Tage zogen die Trabanten mit Hellebarden und in der deutschen Montur wieder zur Wacht auf. Die Hüte sind mit weiß und blauen hohen Federn an den Seiten geziert. Wenn es regnet, tragen sie kurze gelbe Mäntel, ohne Aermel, mit Löchern, dadurch sie die Arme stecken können. Auf beiden Schultern führen sie kurze Achselbänderchen. (Kern, Dresdener Merkwürdigkeiten.)

passiren⁴⁹) und ertheilte sodann dem Ober-Hofmarschall Befehl die Invaliden nochmals zu mustern⁵⁰).

Am 31. August erfolgte sodann eine eingehende Musterung der Schweizer Garde durch den General-Inspekteur der Infanterie, Generalmajor Hildebrand, bei welcher es an Ausstellungen nicht fehlte. Eine ausführliche Rechtfertigung des Schweizer-Hauptmanns, in welcher er versicherte, daß Alles, was er gethan, nur im Interesse und zum Besten des Dienstes geschehen, bewog jedoch den König, die gegen sein Gebahren erhobenen Bedenken als beigelegt zu betrachten⁵¹).

Die Schweizer bezogen am 31. Mai 1732 die Schloßwacht statt wie bisher mit den Hellebarden, mit Flinten und Patrontaschen und erging deshalb die Bestimmung: „Lorsque les Suisses seront en sentinelle à la cour ils se serviront de leurs Hellebardes et laisseront les fusils pendus au passage de leur corps de garde, qui est à l'entrée du château." Im Innern des Schlosses und vor den Gemächern versahen demnach die Schweizer den Dienst mit den Hellebarden, während nach den Mittheilungen der Dresdner Merkwürdigkeiten die Posten an den Thoren Flinten mit aufgepflanztem Bajonett führten.

Das Aufziehen mit den Flinten hatte übrigens keinen Bestand, denn bereits seit dem Herbst desselben Jahres 1732 zogen die Schweizer wieder mit Hellebarden zur Wacht auf.

Im Dezember 1732 rückte der Lieutenant der Garde Axel Graf Cronhielm zum Capitain-Lieutenant auf, nachdem der Capi-

---

⁴⁹) Während dieser Musterung haben für den Vormittag die reitenden Trabanten (die Garde du Corps) das Schloß besetzen müssen. (Kern, Dresdener Merkwürdigkeiten.)

⁵⁰) Der Schweizer-Hauptmann Prohenques mag bei Ausmusterung der alten und unansehnlichen Leute mit großer Rücksichtslosigkeit vorgegangen sein.

In einer Registratur des Marschallamtes legte dasselbe Verwahrung dagegen ein, daß der Schweizer-Hauptmann, seiner Instruktion zuwider, die Leute ohne Vorwissen des Ober-Hofmarschalls entlassen und dafür unschlechtige Bauernkerle, Handwerksburschen und étrangers angenommen, denen die Wachten in und vor den königlichen Zimmern anzuvertrauen fürwahr nicht Geringes bedeute. Viele der entlassenen Leute, welche Sr. königlichen Majestät meist lange Jahre treu gedient und die exercitia mit der Partisane und Muskete wohl begriffen gehabt, seien zu fernerem Dienste noch sehr wohl brauchbar gewesen.

⁵¹) In Bezug auf die vielfacher Kritik unterworfene Geldwirthschaft bei der Garde ließ der König am 12. Juli 1731 an das Ober-Rechnungskollegium restribiren: dasselbe habe dem Schweizer-Hauptmann wegen der an Sr. Majestät selbst abgelegten Rechnung den Liberations-Schein zu ertheilen.

tain=Lieutenant, Obrist Freiherr von Diesbach, der sich mit dem Schweizer=Hauptmann nicht in gutem Einvernehmen befand, das Kommando eines Infanterie=Regiments erhalten hatte.

König August II.⁵²) verschied zu Warschau am 1. Februar 1733, dessen Wohlwollen allein der Schweizer=Hauptmann Prohenques seine Stellung zu verdanken gehabt hatte, und bereits im April nahm derselbe seine Entlassung aus dem sächsischen Dienste⁵³).

Als Schweizer=Hauptmann folgte ihm der Obriste Georg Hubert Freiherr von Diesbach, unter Beilegung des Charakters als Generalmajor und des Ranges als Ober=Hofcharge.

Der Ober=Hofmarschall Baron Löwendal überreichte am 1. Juni 1733 dem Kurfürsten⁵⁴) eine Denkschrift, in welcher er

---

⁵²) Am 9. Februar wurden, mit Ausnahme des nicht gegenwärtigen Schweizer= Hauptmanns, die Schweizer Offiziere und der Sekretär der Garde Zacharias im Ober-Hofmarschallamte verpflichtet.

Nach Endigung der Verpflichtung begaben sich die hohen Herren Hofoffiziere in den kleinen Schloßhof, woselbst die gesammte Schweizer Garde paradirte. Der Herr Ober-Hofmarschall hielt eine Anrede indem er derselben anzeigte, daß sie Sr. königlichen Hoheit und kurfürstlichen Durchlaucht Friedrich August auf die Artikel den Eid der Treue prästiren solle. Die Vorlesung der Artikel (in deren dritten Punkte es hieß: Nächst dem Ober-Hofmarschalle und dem Ober-Hofmarschall- amte sollet ihr eurem vorgesetzten Hauptmann und dessen zugeordneten Offizieren allen gebührenden Respekt und Gehorsam leisten) erfolgte durch den Sekretär Zacharias, worauf kommandirt wurde, das Gewehr in die linke Hand zu nehmen, den Hut auf den Säbel zu bringen und mit emporgehobenen Fingern den Eid nachzusprechen. Welches auch also erfolgt. Nachdem ein freudvolles Vivat gerufen worden, ging die Kompagnie wieder auseinander. (Hofmarschallamts-Registratur.)

Die Schweizer Garde erhielt eine schwarze Trauermontur.

⁵³) 1733, 16. April. Wir Friedrich August, von Gottes Gnaden, königlicher Prinz in Polen, Herzog zu Sachsen, Churfürst ꝛc. fügen hiermit zu wissen: Demnach Uns und Unseres in Gott ruhenden höchstgeehrten Herrn Vaters, königlicher Majestät, Vorzeiger dieses, der Veste und liebe getreue Pierre de Prohenques 7 Jahre 10 Monate als Capitaine bei Unserer Schweizer Garde gedient, nunmehr aber an Uns derselbe unterthänigst gelangen lassen, wie er bei bisherigen Dienste sich zu begeben und sein Glück anderweit zu poussiren ent- schlossen, und Wir ihm denn hierinnen nicht entgegen sein wollen, Als ertheilen Wir ihm hierdurch seinen Abschied als bisherigen Capitaine bei Unserer Schweizer Garde und gelangt an Alle und Jede, nach Würden und Standeserfordern, Unser freundliches Ersuchen und gnädigstes Begehren, dieselben wollen bemeldten Unserm zeitherigen Capitaine sich zu allem beförderlichen Willen empfohlen sein lassen, welches Wir der Gebühr nach mit Freundschaft, Gunst und Gnaden zu erwidern erbötig.

Urkundlich ꝛc.

⁵⁴) Zum Könige von Polen wurde Kurfürst Friedrich August erst im Oktober 1733 erwählt. Die Krönung erfolgte zu Krakau im Januar 1734.

## II. Die Schweizer Leib-Garde.

auf die zwischen dem Marschallamte und dem Kommando der Schweizer Leib-Garde obwaltenden Differenzen zurückkommt.

Beim Marschallamte war nämlich vielfach Beschwerde der Schweizer über Beeinträchtigung durch ihre Offiziere eingelaufen und Allerhöchsten Ortes bereits eine Kommission eingesetzt worden, um die während des Kommandos des Schweizer-Hauptmanns Prohenques eingerissenen Desordres zu untersuchen. Dem ungeachtet hatte in Abwesenheit des Generals von Diesbach der Capitain-Lieutenant Graf Cronhielm drei als Urheber der erhobenen Klagen bezichtigte Schweizer, ohne Vorwissen sowohl des Ober-Hofmarschalls, als der erwähnten Kommission in Arrest nehmen und von der Schweizerwacht auf die Milizwacht bringen lassen, mit der Androhung, man würde dieselben unter die Musketiere stecken.

Nach Mittheilung dieses Thatbestandes führt nun der Ober-Hofmarschall aus, daß das Marschallamt zwar keineswegs beabsichtige, die ihm übertragene Oberaufsicht über die Garde auf Fälle zu erstrecken, die lediglich das Kommando angingen, allein ebenso wenig sei das Verfahren des Capitain-Lieutenants zu billigen. Ein genugsames Verhör anzustellen, stehe der Schweizer Garde, da dieselbe keinen verpflichteten Auditeur habe, nicht zu und wenn die Untersuchung dem Marschallamte trotzdem, daß demselben die Cognition in den bei der Garde vorfallenden Kriminal- und Kapital-Verbrechungen gebühre, nicht anvertraut werden solle, so könne man den Urtheilsspruch durch ein unparteiisches Kriegsgericht herbeiführen.

Der Ober-Hofmarschall hofft, daß der Kurfürst gewillt sein werde, auch in diesem Falle den alten lustre des allezeit getreuen Hofmarschallamtes zu wahren und fügt hinzu, daß es zu Abwendung aller ferneren Irrungen dienlich und nothwendig erscheine, dem Hofmarschallamte eine spezielle und deutliche Instruktion zu geben, in was Maaße demselben die Oberaufsicht und Jurisdiktion über die Schweizer Garde zustehe und die Offiziere in ihren Bestallungen darauf zu verweisen.

Als Resolution auf diese Eingabe ist ohne Zweifel das nachstehende, am 28. Januar 1734 an den Ober-Hofmarschall ergangene Reskript zu betrachten: „Wohlgeborener Rath, lieber getreuer. Nachdem Wir in gnädigster Erwägung eurer anderen aufhabenden Verrichtungen die euch zeither obgelegene Respicirung Unserer Schweizer Leib-Garde, nebst dem Commando über dieselbe und die Besorgung der Wirthschaft völlig an Unseren General-

Major und Capitain der Schweitzer Garde, den Freiherren von Diesbach, dergestalt zu übertragen in Gnaden entschlossen, daß Wir euch von der bisherigen Aufsicht über ermeldte Garde dispensiren, dahingegen Unsere ratione derselben zu fassenden Resolutiones fernerhin unmittelbar an den General-Major, Freiherrn von Diesbach, ergehen lassen wollen, jedoch die Schweitzer Garde, insoweit es die Dienste bei Unserem Hoflager betrifft, ihre Dependenz nach wie vor von euch haben solle, gestalten Wir denn auch diese Unsere gnädigste Intention dem General-Major, Freiherrn von Diesbach, bereits bekannt gemacht, Als haben Wir euch solches hierdurch nicht vorhalten mögen, gnädigst begehrend, ihr wollet nicht allein euren Ortes euch gebührend darnach achten, sondern auch das deshalb Nöthige behörig verfügen. Die Wir euch in Gnaden gewogen bleiben. Cracau, den 28. Januar 1734. Augustus Rex. de Brühl."

Die Verpflichtung der Schweizer Offiziere, deren in dem vorstehenden Dekrete keine Erwähnung geschieht, verblieb auch fernerhin dem Hofmarschallamte. Den Handschlag jedoch hatten die Offiziere dem bei der Verpflichtung gegenwärtigen Schweizer-Hauptmann zu geben, durch welchen denn auch die Vorstellung an die Kompagnie erfolgte[55]).

---

[55]) Ueber den mit großer Förmlichkeit behandelten Akt der Verpflichtung enthalten die Akten des Hofmarschallamtes jederzeit eine ausführliche Registratur. So heißt es zum Beispiel in Bezug auf die Verpflichtung des Sous-Lieutenants der Garde, Major von Gottrau: Nachdem Se. Excellenz der Herr Ober-Hofmarschall den 16. April 1735 zur Verpflichtung des Sous-Lieutenants von Gottrau angesetzt und solches dem Herrn Generalmajor, Freiherrn von Diesbach, als Schweizer-Hauptmann durch den Hoffourier Tages zuvor wissen und melden lassen, damit er sich benannten Tages früh 8 Uhr nebst dem Major von Gottrau im Ober-Hofmarschallamte einfinden möchte, ist dieses auch also geschehen und dem Herrn Generalmajor ein Stuhl zwischen des Herrn Ober-Hofmarschalls und des Herrn Ober-Küchenmeisters Stühlen, jedoch etwas abwärts gesetzt worden. Gegenwärtig war von den Herren Hofoffizieren außer dem Herrn Ober-Hofmarschall nur der Hausmarschall von Erdmannsdorff. Die Vorhaltung und Pflichts-Notul wurde vom Hofsekretär Mildner vorgelesen und gab Major von Gottrau, nach geleistetem Eide, den Handschlag an den Herrn Schweizer-Hauptmann, Generalmajor von Diesbach.

Solange der Aktus dauerte, blieb der Herr Major von Gottrau, der in der Montur erschienen war und den Eid leistete, ohne den Degen abzulegen, hinter dem Herrn Hausmarschall stehen, jedoch etwas seitwärts. Alsbald nach der Verpflichtung wurde der neue Sous-Lieutenant der in Parade auf dem kleinen Schloßhof stehenden Kompagnie vom Herrn Schweizer-Hauptmann gewöhnlicher Maßen vorgestellt.

## II. Die Schweizer Leib-Garde.

Der Schweizer-Hauptmann, Freiherr von Diesbach, erließ am 17. August 1735 ein Reglement, wie die Schweizer Garde sich verhalten solle, wenn im Schlosse Feuer ausbreche oder Lärm in der Stadt entstehe:

1. Der Offizier, der die Wache hat, bleibt am Thore beim Corps de Garde stehen und detachirt sofort

 1 Rottmeister mit 4 Mann ans grüne Thor,
 1 Rottmeister mit 2 Mann an die kleine Thür bei der katholischen Kapelle oder Apotheke,
 3 Mann oben an die Treppe, wo man von der kleinen Brüdergasse in die Gallerie eingeht,
 die übrigen entbehrlichen Leute an die Orte, wo solches die Nothdurft erfordern wird.

2. Alle diese Posten und Wachten lassen nur die Personen passiren, welche zum Schlosse gehören oder deren Beistand beansprucht wird.

3. Wenn nach und nach die beiden nicht auf Wacht stehenden Rotten eintreffen, so sind mit selbigen die Posten und Wachten je nach Maßgabe der Umstände zu verstärken.

Ueber den Anspruch, welchen das Ober-Hofmarschallamt erhob, von allen, den Hofdienst der Schweizer Garde berührenden Vorgängen unterrichtet zu werden, giebt die folgende, am 15. Dezember 1735 daselbst aufgenommene Registratur Auskunft:

„Bei der am jüngst verflossenen 27. November im sogenannten Frau Mutter-Hause stattgefundenen Feuersbrunst war solches von der Schweizer Wacht nicht rapportirt worden und haben Sr. Exzellenz der Herr Ober-Hofmarschall bei dem Herrn Schweizer-Hauptmann deshalb Erinnerung gethan. Nachdem unmittelbar darauf Sr. Exzellenz auf ihre Güter gereist, kam der Wachtmeister-Lieutenant ins Hofmarschallamt und zeigte dem Hofsekretär an, daß der Herr Schweizer-Hauptmann zwar anbefohlen, daß in dergleichen Fällen von der Wache Meldung an das Hofmarschallamt geschehen solle, jedoch sei dies nur aus besonderer Consideration und Egard für den Herrn Ober-Hofmarschall angeordnet worden, indem der Herr Schweizer-Hauptmann solches als eine Schuldigkeit keineswegs verstanden wissen wolle. Als dieser Vorfall Sr. Exzellenz nach der Rückkehr in die Stadt rapportirt worden, fanden sich Sr. Exzellenz zu der Bemerkung veranlaßt, daß Sie eine dergleichen Anzeige für eine Schuldigkeit allerdings erachteten. Sie wüßten wohl, daß königliche Majestät die Garde von der vorigen Subordination liberirt hätten, jedoch wäre die Indepenbenz nicht auf den Hofdienst zu erstrecken. Zugleich befahlen Sr. Exzellenz, solches in eine Registratur zu bringen."

An Stelle des verstorbenen Capitain-Lieutenants Grafen Cronhielm[56]) wurde 1739 der Premier-Lieutenant der Garde, Obrist Johann Franz Graf Bellegarde, Capitain-Lieutenant bei der Schweizer Garde.

Im Januar 1742 ging ein Kommando, bestehend aus dem Premier-Lieutenant Obristen Baron Belleville, dem Sous-Lieutenant Major Grafen von der Horst, 3 Rottmeistern, 4 Spielleuten und 40 Schweizern zur Kaiserwahl und Krönung nach Frankfurt am Main[57]).

Bald nach der Rückkehr dieses Kommandos nach Sachsen folgte Obrist Baron Belleville dem Grafen Bellegarde, welcher das Kommando eines neu errichteten Infanterie-Regiments erhielt, als Capitain-Lieutenant bei der Schweizer Garde.

Aus dem Frühjahr 1742 ist eine Spezifikation vorhanden über das bei der Schweizer Garde vorhandene Gewehr und Lederwerk:

a) An Gewehr:

- 5 vergoldete Offiziers-Partisanen, 4 Kommandostäbe für die Offiziere, von Ebenholz mit weißem elfenbeinernen Knopf (für den Capitain mit Gold eingefaßt) mit silbernblauseidenen Quasten;
- 6 Rottmeister-Partisanen mit geflammter Spitze, die Quasten von blau und gelber Seide mit Silberfaden durchzogen.
- 100 Schweizer-Partisanen[58]) mit gerader Spitze, die Quasten von blau und gelber Seide;
- 5 silberne Offiziersdegen, einschließlich des Degens für den Wachtmeister-Lieutenant;
- 120 versilberte Säbel zur Gala-Montirung;
- 120 gelbe Säbel zur täglichen Montirung;

---

[56]) Der Capitain-Lieutenant Obrist Graf Cronhielm ertrank während einer Urlaubsreise in Schweden.

[57]) Der kommandirende Offizier wurde in Bezug auf seine Instruktion an das geheime Konsilium und wegen der Veranstaltungen zur Fortschaffung des Detachements an das Kammerkollegium verwiesen.

[58]) Die Schäfte der Partisanen waren von schwarz gebeiztem buchenen Holz.

107 Flinten⁵⁹) mit Riemen;
106 lederne Patrontaschen;
5 Espontons für die Offiziere (für den Fall des Aus=
rückens der Mannschaft mit den Flinten);
4 kleine Partisanen.

### b) An Lederwerk.

#### 1. Zur Gala=Montirung:

4 reich mit Silber besetzte lederne Baudriers (Wehrgehenke)
für die Offiziere;
1 etwas geringeres für den Wachtmeister=Lieutenant;
120 mit seidenen und Silber=Borden besetzte lederne Baudriers
für die Unteroffiziere, Schweizer und Spielleute;
6 Stück dergleichen Trommel= und Pfeifenriemen;

#### 2. Zur ordinären deutschen Montirung:

1 mit silbernen Tressen und blauem Tuch besetztes ledernes
Baudrier für den Wachtmeister=Lieutenant;
14 mit silbernen Tressen und blauem Tuch besetzte lederne
Baudriers für die Unteroffiziere und Hautbois;
106 mit seidenen und Silberborden besetzte Baudriers für
die Schweizer und Spielleute;
6 dergleichen Trommel= und Pfeifenriemen.

### c) Hierüber:

3 versilberte Trommeln, 3 Pfeifenfutterale
und an Instrumenten für die Hautbois:
2 Passons, 1 Passetchen, 4 Waldhörner, 4 Hautbois, 1 grand
Hoboe, 1 Flaut Traversie, 1 Quartflötchen, 3 Violinen,
1 Violon.

Generalmajor Freiherr von Diesbach verschied im April 1742, worauf der König unter dem 6. September den Kammerherrn und Obrist=Lieutenant bei der Leibgrenadier=Garde, Obristen Thabbäus

---

⁵⁹) Schon damals mögen die vom Schweizer=Hauptmann Prohenques bei der Garde eingeführten Flinten sich kaum noch im dienstlichen Gebrauche befunden haben. Im Verlaufe des siebenjährigen Krieges, 1759 am 21. September, waren dieselben zur weiteren Fortschaffung an das Hauptzeughaus einzuliefern und nach der Zeit geschieht der Bewaffnung der Schweizer Garde mit Flinten fernerweit nicht mehr Erwähnung.

ô Meagher, zum Schweizer-Hauptmann ernannte[60]); derselbe leistete dem König selbst, in Gegenwart des Kabinetsministers Grafen Brühl die Pflicht und wurde am 15. September durch den, in Erledigung der Oberhofmarschalls-Charge[61]), den Stab führenden Hofmarschall Johann Georg von Einsiedel der Schweizer Garde vorgestellt[62]).

Der König verlieh am 17. Oktober 1744 dem Schweizer-Hauptmann, Obristen ô Meagher, den Generalmajors-Charakter.

Im August 1745 ging abermals ein Kommando der Schweizer Garde zur Kaiserwahl und Krönung nach Frankfurt am Main.

---

[60]) Als Traktament erhielt der Schweizer-Hauptmann 200 Thaler monatlich, nämlich:

| | | | |
|---|---|---|---|
| 100 Thaler | — Groschen | | etatsmäßigen Gehalt |
| 10 „ | 12 „ | | für 2 Fourierschützen |
| 89 „ | 12 „ | | Zulage aus der Generalkriegskasse |
| 200 Thaler | — Groschen. | | |

[61]) Nach dem Ableben des Ober-Hofmarschalls Freiherr von Löwendal, welcher gleich seinen Vorgängern, den vornehmsten Rang am kurfürstlichen Hofe inne gehabt hatte, blieb die Ober-Hofmarschallscharge unbesetzt, weil der Kabinets-Minister Graf Brühl die erste Stelle an Jemand anders zu cediren nicht geneigt war. Statt dessen schuf man die Charge eines Ersten Hofmarschalls mit dem Range nach den Kabinets-Ministern.

[62]) 1742, 15. September. Registratur im Ober-Hofmarschallamte.

Gedachten Tages Morgens 8 Uhr erschienen Sr. Excellenz der Herr Hofmarschall Johann Georg von Einsiedel, so anitzo den Stab bei der königlichen Hofstatt führt, im Ober-Hofmarschallamte, um die Vorstellung des Schweizer-Hauptmanns, Kammerherrn Obristen de Meagher vorzunehmen.

Von den übrigen Herren Ober-Hofoffizieren war Niemand gegenwärtig, weil der Befehl zur Vorstellung an den Herrn Hofmarschall allein gerichtet gewesen.

Genommener Abrede gemäß trafen zu derselben Stunde der neue Herr Schweizer-Hauptmann mit den Offizieren der Schweizer-Garde im Ober-Hofmarschallamte ein. Der Herr Hofmarschall stand an dem Tische vor seinem Stuhle. Ihm zur Rechten, etwas abwärts, war für den Schweizer-Hauptmann ein Stuhl gesetzt, doch blieb derselbe ebenfalls vor demselben stehen. Die übrigen Schweizer-Offiziere standen vor dem Tische.

Sr. Excellenz wiesen die Herren Offiziere an den Schweizer-Hauptmann und erinnerten sie, ihm gebührenden Gehorsam zu bezeigen, worauf dieselben dem Herrn Schweizer-Hauptmann den Handschlag abstatteten.

Unterdessen hatte sich die Schweizer-Kompagnie im kleinen Schloßhof gestellt und nachdem sich die Schweizer-Offiziere gewöhnlicher Maßen mit den Partisanen vor dieselbe gesetzt, gingen Sr. Excellenz mit dem Herrn Schweizer-Hauptmann ebenfalls dahin, stellten denselben der Kompagnie vor und wiesen solche an sein Kommando.

Nach beendigter Vorstellung ließ der Herr Schweizer-Hauptmann die Kompagnie zu fernerer Besichtigung durch den Wachtmeister-Lieutenant nach dem Zwinger führen.

Im Dezember desselben Jahres, als eine Belagerung Dresdens durch die heranziehende preußische Armee drohte, wurden dem Kommando der Schweizer Garde aus dem Geheimen Konsilio, an welches dasselbe für die Zeit der Abwesenheit des Königs wegen seines Verhaltens gewiesen war, die nachstehenden im Ober-Hofmarschallamte aufgesetzten und vom Geheimen Konsilio für gut befundene Observanda zugefertigt:

1. Die ganze Kompagnie, derzeit 94 Mann stark, wird sofort auf das Schloß gezogen, woselbst dieselbe den Dames-Saal angewiesen erhält.

2. Der Capitain-Lieutenant, Obrist Belleville, bleibt für seine Person auf dem Schlosse, der Sous-Lieutenant, Major von Baggen, mit 16 Mann im königlichen Prinzen-Palais.

3. Von den 14 Posten, welche die Schweizer Garde zur Zeit besetzt hält, gehen die Posten bei Ihren königlichen Hoheiten, den Prinzen Albrecht und Clemens, ab, weil dafür Kadets-Posten gegeben werden.

4. Dagegen werden, je nachdem es nöthig befunden wird, extraordinäre Posten gesetzt, namentlich eine Post am grünen Gewölbe.

5. Das Uebrige bleibt des kommandirenden Offiziers Konduite überlassen.

Nach der Ernennung des Capitain-Lieutenants, Obristen Belleville zum Generalmajor und Kommandanten der Pleißenburg am 30. Oktober 1750, rückte der Premier-Lieutenant, Obrist-Lieutenant Graf von der Horst, unter Beilegung des Obristen-Charakters zum Capitain-Lieutenant bei der Schweizer Garde auf.

Der Schweizer-Hauptmann, Generalmajor ô Meagher, erhielt am 24. Mai 1752 den Generallieutenants-Charakter und am 18. August 1753 der Capitain-Lieutenant, Obrist Graf von der Horst, den Generalmajors-Charakter.

Ueber die Vorgänge bei der Schweizer Garde während des siebenjährigen Krieges fehlt jeder aktenmäßige Nachweis.

Gleichzeitige gedruckte Werke enthalten jedoch die folgenden kurzen Nachrichten:

1756, am 9. September, als die preußischen Truppen in Dresden einrückten, besetzten dieselben die Wachen, die Thore und zur Hälfte mit den Schweizern, das Schloß.

1757, am 9. April wurden die Schweizer, während die gesammte preußische Garnison unter Waffen stand, auf dem Schlosse und in der katholischen Kapelle entwaffnet.

Durch Kapitulation vom 4. September 1759 gelangten die Oesterreicher in den Besitz von Dresden und behaupteten sich in demselben bis zum Schlusse des Krieges[63]).

1763, am 30. März übernahm eine Abtheilung der Leib-grenadier-Garde, welche während des Krieges auf dem Königstein gestanden hatte, die Wachtposten im Schlosse von den kaiserlich königlich österreichischen Truppen, übergab dieselben aber nach einer Stunde an die Schweizer und bezog selbst die Galeriewacht.

Wenige Monate nach Beendigung des siebenjährigen Krieges verschied zu Dresden am 5. Oktober 1763 König August III. und bereits am 17. Dezember desselben Jahres folgte ihm sein Regierungsnachfolger Kurfürst Friedrich Christian im Tode nach, worauf für den unmündigen jungen Kurfürsten Friedrich August, Prinz Xaver die Administration der Kur Sachsen übernahm.

Nach dem Ableben des Königs August III. war die Schweizer Garde durch den Schweizer-Hauptmann, General-Lieutenant ô Meagher, nachdem derselbe selbst in Gegenwart des Premier-Ministers Grafen Brühl den Eid geleistet, aufs Neue verpflichtet worden[64]), wogegen nach dem abermaligen Regierungswechsel im Dezember 1763 das Ober-Hofmarschallamt Befehl erhielt, sich dem alten Herkommen gemäß der Vereidung der Schweizer Garde zu unterziehen und zwar bei den dermaligen kränklichen Umständen des Schweizer-Hauptmanns General-Lieutenants ô Meagher ohne dessen Gegenwart, „inmaßen Wir seiner besonderen Verpflichtung halber, das Nöthige anzuordnen unvergessen sein werden."

---

[63]) Im Jahre 1768 machte der Capitain-Lieutenant, Generalmajor von Baggen geltend, daß er im Jahre 1760, als damaliger Premier-Lieutenant der Garde, bei dem Bombardement Dresdens durch die Preußen, in Abwesenheit des Schweizer-Hauptmanns und des Capitain-Lieutenants, die nachdrücklichsten Anstalten dergestalt vorgekehrt, daß Schloß und Palais unversehrt erhalten wurden.

[64]) Diese Verletzung seiner Prärogative hatte das Ober-Hofmarschallamt sofort gerügt und in Folge dessen wurde am 22. Oktober der mit Majorscharakter zum aggregirten Sous-Lieutenant bei der Garde ernannte Flügeladjutant des Prinzen Xaver, Rittmeister Peter Aloys Marquis d'Agdollo, nicht durch den Schweizer-Hauptmann, sondern durch den ersten Hofmarschall von Schönberg verpflichtet.

Gegenwärtig war hierbei statt des entschuldigt ausgebliebenen Schweizer-Hauptmanns, der Capitain-Lieutenant Graf von der Horst, welchem der Marquis d'Agdollo den Handschlag gab. Die Vorstellung an die Garde erfolgte später durch den Schweizer-Hauptmann.

## II. Die Schweizer Leib-Garde.

In Vollziehung dieses Auftrages fand am 19. Dezember im Marschallamte in Gegenwart der sämmtlichen zu demselben gehörigen Ober-Hofoffiziere die Verpflichtung des Capitain-Lieutenants, Generalmajors Grafen von der Horst, und sodann die Verpflichtung der übrigen Schweizer-Offiziere statt.

Den Handschlag empfing der erste Hofmarschall jedoch nur seitens des Capitain-Lieutenants, während die übrigen Schweizer-Offiziere solchen an den Capitain-Lieutenant leisteten.

Nach beendigter Verpflichtung der Schweizer-Offiziere ließ der erste Hofmarschall der auf dem kleinen Schloßhofe aufgestellten Garde den Eide der Treue auf den Artikels-Brief ablegen[65]).

Unter Kommando des Premier-Lieutenants, Generalmajors von Baggen, ging im Februar 1764 ein Detachement der Schweizer Garde zur Kaiserwahl und Krönung nach Frankfurt am Main[66]).

Der Administrator Prinz Xaver verfügte am 30. April 1764, daß zum Unterhalt der Schweizer Garde, wie zeither, jährlich 12000 Thaler gegen des Schweizer-Hauptmanns Quittung ohne weitere Berechnung entrichtet, dieses Quantum jedoch vom 1. Mai an nicht mehr aus dem Kriegszahlamte, sondern aus der Rentkammer gezahlt werden solle.

Der Schweizer-Hauptmann, General-Lieutenant ô Meagher, starb am 4. Mai 1765 und blieb die Schweizerhauptmann-Stelle zunächst unbesetzt. Das Interims-Kommando übernahm der Capi-

---

[65]) Nachdem die Verpflichtung der Offiziere vollzogen war, begaben sich der erste Herr Hofmarschall mit den Anwesenden aus dem Konferenzzimmer auf den kleinen Schloßhof, allwo die Schweizer-Kompagnie in vier Gliedern mit der Fronte nach dem Schlosse zu rangirt war. Vor dieselbe stellten sich in eine Linie die Sous-Lieutenants: Obrist-Lieutenant du Brechet, Major von Weißenbach und Major Marquis d'Agdollo. Der Premier-Lieutenant, Generalmajor von Baggen ließ nunmehr das Gewehr wechseln, worauf der erste Herr Hofmarschall, welcher nebst den übrigen Herren Marschällen und dem Capitain-Lieutenant, Generalmajor Grafen von der Horst der Kompagnie gegenüberstand, dem hierzu requirirten Generalkriegsaktuar Fritzsche den Befehl ertheilte, den Artikulsbrief vorzulesen. Nachdem sodann der Generalmajor von Baggen kommandirt hatte, das Gewehr in den linken Arm und die Hüte abzunehmen, auch letztere auf die Säbel zu bringen, sprachen die Schweizer den Eid mit aufgehobenen Fingern nach. Zum Schlusse des feierlichen Aktes bestärkten die Schweizer durch ein dreifaches Vivat die Zusage treuer Pflichterfüllung, wozu Generalmajor von Baggen dieselben in einer kurzen Anrede aufgefordert. (Hofmarschallamts-Registratur.)

[66]) Ebenso gingen in den Jahren 1790 und 1792 von Reichsmarschallamtswegen, Kommandos, bestehend aus 2 Offizieren, 3 Rittmeistern, 4 Spielleuten und 40 Schweizern, zur Kaiserwahl und Krönung nach Frankfurt am Main.

tain-Lieutenant, Generalmajor Graf von der Horst, und nach dessen am 1. Dezember 1765 erfolgten Ableben der zum Capitain-Lieutenant ernannte Premierlieutenant Generalmajor von Baggen.

Den Wachtrapports vom 8. Juni 1765 zufolge zogen von der Schweizer Garde täglich zur Wacht auf: 2 Rottmeister, 1 Tambour und 33 Schweizer.

Letztere besetzten 11 Posten:

### a) Im Schloß:

1 Post am vorderen Schloßthor,
1 „ am grünen Thor,
1 „ am Marschallamte,
1 „ an der Prinzessin Christine Vorzimmer,
1 „ an der Prinzessin Elisabeth Vorzimmer,
1 „ an der Prinzessin Kunigunde Vorzimmer,
1 „ an der Prinzessin Kunigunde Garderobbe.

### b) Im Palais:

1 „ an der Kurfürstin-Mutter Retirade,
1 „ an des Durchlauchtigen Kurfürsten Kapelle,
1 „ an der Prinzessin Amalie Vorzimmer,
1 „ an der Prinzessinnen Amalie und Marie Anna Zimmern.

Als jedoch am 9. Juni die hohen Herrschaften zum ersten Male das Sommerhoflager zu Pillnitz bezogen, hatten die Schweizer die von der Garde du Corps besetzten Wachtposten mit zu übernehmen, demnach:

1 Post im Vorzimmer Sr. kurfürstlichen Durchlaucht an der Vordertreppe im Palais,
1 Post an der Hintertreppe im Palais,
1 „ in der Antichambre des höchstseligen Königs,
1 „ bei Sr. k. Hoheit dem Herzog von Kurland und beobachtete dieselbe zugleich die Zimmer Sr. k. Hoheit des Administrators,
1 Post beim Oratorio.

Dagegen ging die Post an der Prinzessin Christine Garderobbe ab und waren daher von den Schweizern während der Pillnitzer Sommer-Séjours 15 Wachtposten zu geben.

Mit dem 1. Januar 1766 trat folgender neuer Etat für die Schweizer Garde ins Leben, nachdem im Verlaufe des Jahres

## II. Die Schweizer Leib-Garde.

1765 die acht Hautbois in Wegfall gekommen waren und die Sekretärsstelle ein Rechtsgelehrter erhalten hatte[67]), welcher zugleich die Auditoriatsgeschäfte besorgen sollte:

| | | |
|---|---:|---|
| Der Capitain | 100 Thlr. | — Gr. |
| 1 Capitain-Lieutenant | 65 „ | — „ |
| 1 Premier-Lieutenant | 50 „ | — „ |
| 1 Sous-Lieutenant | 30 „ | — „ |
| 1 Sekretär und Auditeur | 15 „ | — „ |
| 1 Wachtmeister-Lieutenant | 13 „ | 12 „ |
| 1 Feldscheer | 11 „ | 12 „ |
| 2 Fourierschützen des Capitains | 10 „ | 12 „ |
| 6 Rottmeister à 7 Thlr. | 42 „ | — „ |
| 3 Pfeifer à 5 Thlr. 6 Gr. | 15 „ | 18 „ |
| 3 Tambours à 5 Thlr. 6 Gr. | 15 „ | 18 „ |
| 100 Schweizer[68]) à 5 Thlr. 6 Gr. | 525 „ | — „ |
| 121 Köpfe | 894 Thlr. | — Gr. |

Hierüber: 10 „ — „ zur Gewehr-Reparatur und anderen dergleichen unvorhergesehenen Ausgaben.

40 „ — „ zum Unterhalt der Pensionäre.

944 Thlr. — Gr.

Hiernächst bestimmte der Administrator Prinz Xaver aus diesem Anlasse:

1. Die Schweizer Garde hat in drei Rotten zu bestehen, jede Rotte zu 2 Rottmeister, 1 Pfeifer, 1 Tambour und 33, beziehentlich 34 Schweizern.

2. Der Wachtmeister-Lieutenant besorgt den inneren Dienst, kommandirt die Wachtmannschaften, rapportirt täglich den Offizieren und visitirt sowohl die Parade als die Posten[69]).

---

[67]) Bisher hatte, seit dem Jahre 1753, der aggregirte Sous-Lieutenant Major von Weißenbach das Sekretariat verwaltet und das Sekretärs-Traktament bezogen.

[68]) An Stelle der vier Zimmerleute, welche nach dem Etat von 1730 vorhanden sein sollten, waren bereits seit einer längeren Reihe von Jahren gemeine Schweizer getreten.

[69]) Aus Anlaß der Pensionirung des Wachtmeister-Lieutenants Haase bemerkte das Geheime Kabinet in seinem Vortrage: die Charge des Wachtmeister-Lieutenants sei der Adjutanten-Funktion gleich zu achten und in der Regel hätten die Wachtmeister-Lieutenants den Charakter als Sous-Lieutenants oder selbst als Premier-Lieutenants der Armee besessen.

3. Der besseren Subordination willen bei dem in drei geschlossenen Rotten zu verrichtenden Dienste soll sich in Zukunft bei jeder Rotte nur ein Rottmeister befinden und statt des zweiten Rottmeisters ein Korporal angestellt werden [70]).

4. Die auf Wacht kommende Rotte stellt sich vor des kommandirenden Offiziers Quartier und zieht mit klingendem Spiel auf das Schloß [71]).

5. An allen Galatagen und außerdem zweimal in der Woche ist die Wache vom Offizier du jour aufzuführen.

6. Der Offizier du jour visitirt die Parade, trägt Sorge, daß die Garde, namentlich die Wachtmannschaft, in Allem ihre Pflicht erfüllt und empfängt den vom Rottmeister unterschriebenen Wachtrapport.

Bei Gewitter, Feuersgefahr, Aufläufen und anderen dergleichen Vorfällen hat er im Schloß gegenwärtig zu sein.

Ferner gehörte es zu den Obliegenheiten des Offiziers du jour, mit dem Kommandostabe vorzutreten, sobald des Administrators königliche Hoheit in der Oeffentlichkeit erschien.

Hinsichtlich der Montur wurde angeordnet:

1. Die Farben, daher gelb und blau, sowie die Façon, sowohl für die Schweizer Galamontur, als für die alltägliche deutsche Montur bleiben im Wesentlichen unverändert.

2. Die Schweizer Galamontur wird nach Bedarf neu gegeben.

3. Für die deutsche Montur ist eine Haltezeit von drei Jahren festgesetzt und hat sich der Kommandant der Garde wegen der Nuance des gelben und blauen Tuches nach der beim Hofmarschallamte deponirten Probe der zur Hof-Livree bestimmten Tücher zu richten.

4. Im Verlaufe der dreijährigen Montirungs-Periode er-

---

[70]) Zunächst blieben die sechs Rottmeister im Dienste. Der erste Fall, daß ein Rottmeister in Abgang kam, ereignete sich im März 1768. Der Korporal, welcher an seine Stelle trat, erhielt 6 Thaler 12 Groschen Traktament und die dadurch monatlich ersparten 12 Groschen gingen der Pensionskasse der Garde zu Gute.

[71]) Der Wachtmannschaft wurde Licht und Holz und außerdem täglich gereicht: Dem Wachtmeister-Lieutenant, sowie den Rottmeistern jedem 4 Maaß Bier und 72 Loth Brot, den Schweizern jedem 2 Maaß Bier und 30 Loth Brot.

Der Bedarf war bei der Hofwirthschafts-Expedition anzumelden, welche die Ausfertigung an das Hofbrauhaus und den mit der Brotlieferung beauftragten Bäcker besorgte.

Die außer dem gewöhnlichen Wachtkommando zu Hofdiensten kommandirten Mannschaften erhielten Deputate an Bier und weißem Brote aus der Hofkellerei.

halten die Mannschaften zwei Paar Beinkleider, zwei Paar Schuhe und drei Paar Strümpfe.

5. An Montirungs-Reparaturgeldern werden vergütet: im zweiten Jahre 12 Groschen, im dritten Jahre 1 Thaler par tête.

6. Für die Partisan-Quasten, die ledernen Baudriers, sowie für die Tambour- und Pfeiferriemen ist eine neunjährige Haltezeit in Aussicht genommen.

Der Auswurf für die im Jahre 1766 zu fertigende deutsche Montur betrug, einschließlich des Geldäquivalents für die Anschaffung der Offiziersuniformen[72]), 6858 Thaler 16 Groschen.

Die Montur eines gemeinen Schweizers kostete 48 Thaler 5 Groschen $9^{1}/_{4}$ Pfennige und zwar:

a) Das gelbe Tuch zum Rock, das blaue Tuch zum Kamisol, zu den Rockaufschlägen und zu den Beinkleidern nebst den Knöpfen, der blauen Sarge und der Leinwand zum Futter ꝛc. 14 Thaler 50 Groschen $^{1}/_{4}$ Pfennig;

b) die Besetzung des Rockes und des Kamisols mit blau-gelb-weißseidenen Borden, das Achselband mit Achselstiften, 26 Stück seidene Püschel auf dem Rock ꝛc. 6 Thaler 14 Groschen[78]);

c) das blaue Tuch und die Borden zum Baudrier 1 Thaler 22 Groschen $7^{1}/_{2}$ Pfennige;

d) der gelbe Mantel mit blauem Kragen, nebst den Knöpfen, dem Futter, den Borden auf dem Kragen ꝛc. 9 Thaler 8 Groschen 9 Pfennige;

e) der Hut mit Schnalle, Gürtel, der Feder, der Kokarde und $2^{1}/_{2}$ Ellen silberner Tresse 5 Thaler 11 Groschen $10^{1}/_{2}$ Pfennige;

f) die Beimontirungsstücke an Handschuhen, Strümpfen, Schuhen, Schuhschnallen, Beingürteln, Haarzöpfen, Zopfschleifen ꝛc. 6 Thaler 12 Groschen 6 Pfennige;

g) das Macherlohn nebst Zuthaten 3 Thaler 12 Groschen.

Im Dezember 1768, nach dem inzwischen erfolgten Regierungsantritte des jungen Kurfürsten, wurde auch die Anfertigung einer

---

[72]) Die Offiziermontur war, wie solches bereits beim Jahr 1719 erwähnt worden ist, nicht wie die der Schweizer gelb mit blau, sondern blau mit gelb.

[78]) Die Chamerirung einer Rottmeistersmontur mit Tressen, blau- und gelbseidenen mit Silber melirten Sammetborden nebst silbernem Achselband ꝛc. kostete 23 Thaler 17 Groschen $^{1}/_{2}$ Pfennige.
Die auch im übrigen reicher ausgestattete Rottmeistersmontur erforderte einen Aufwand von 74 Thalern 4 Groschen 4 Pfennigen.

neuen Schweizer Galamontur anbefohlen und war dieselbe bereits zum Gebrauch bei den im Januar 1769 aus Anlaß der Vermählung des Kurfürsten stattfindenden Festlichkeiten mit einem Kostenaufwande von 10150 Thalern fertig zu stellen.

Eine Offiziersmontur, bestehend aus einem blauen mit Silber chamerirten Rocke, einer mit Silber charmerirten gelbseidenen Weste, gelben Beinkleidern 2c. kostete einschließlich des reich gestickten Achselbandes, des mit silbernen Treffen und Franzen besetzten Wehrgehenkes und anderem Zubehör zwischen 500 und 600 Thaler, eine Rottmeistermontur 69 Thaler 21 Groschen und eine Schweizermontur 65 Thaler 22 Groschen[74]).

Der Kurfürst verlieh am 17. Januar 1767 die seit dem Ableben des General-Lieutenants ô Meagher erledigt gebliebene Schweizer-Hauptmannstelle dem Kammerherrn und Obristen Johann Joseph Grifet, Freiherrn von Forell[75]) dergestalt, daß er schuldig sein solle, die Sicherheit der Person des Kurfürsten und der kurfürstlichen Familie, nebst der Verwahrung des Residenzschlosses, sich auf Ehre, Leib und Leben anbefohlen sein zu lassen, die ihm zu solchem Ende untergebene Schweizer Garde in genauer Obsicht und Disziplin zu halten, auch besten Fleißes zu beobachten, daß die Wachten am kurfürstlichen Hoflager ihren Dienst, dessenthalben er sich denen vom kurfürstlichen Marschall-

---

[74]) Die Rottmeister- und Schweizermonturen waren mit 100 Ellen blau-gelb-sammetnen mit Silber durchwirkten Borden besetzt. Die Einfassung der Halskrause, sowie die Schleifen auf dem Wams erforderten 21 Ellen blau und weißseidenes Band.

[75]) Freiherr von Forell war 1766, 11. September, zum Obristen in kurfürstlich-sächsischen Diensten, sowie zum Kammerherren im unmittelbaren Dienste bei der Person des damals noch unmündigen jungen Kurfürsten Friedrich August ernannt worden.

Zuvor stand er als Lieutenant mit Obristen-Charakter bei der Compagnie des Cent Suisses des Königs von Frankreich.

Als Zeugnisse über seine früheren Dienstverhältnisse brachte er bei:
a) sein Patent als Lieutenant Suisse de la Compagnie des Cent Suisses de Notre Garde ordinaire d. d. 1757, 31. Dezember,
b) die Bescheinigung des Marquis de Montmirail, Capitaine-Colonel de la Garde des Cent Suisses, daß Baron Forell den Eid in seine Hände abgelegt.
c) Ein Certifikat, unterzeichnet Le Tellier de Courtanvan, Capitaine colonel de la compagnie des Cent Suisses de la Garde ordinaire du Corps du Roy: que pendant que la dite Compagnie a servi auprès du Roy dans les campagnes, les Lieutenants en Icelle y ont fait le service de Colonel aux tranchées.

## II. Die Schweizer Leib-Garde.

amte zu gewartenden Notifikationen gemäß zu bezeigen habe, treulich versehen.

Dagegen werde ihm, gestalten er seine Dependenz unmittelbar vom Kurfürsten habe, der Zutritt zu demselben jederzeit gestattet, mit der Zusage, daß er bei der, zu solcher seiner Dienstleistung erforderlichen Achtung, Schutz und Handhabung finden solle.

Den Rang hatte der Schweizer-Hauptmann unter den Ober-Hofchargen einzunehmen und zur Besoldung erhielt er monatlich außer den etatsmäßigen Traktament von 100 Thalern, nebst 10 Thalern 12 Groschen zum Unterhalt von zwei Fourierschützen, die bisher schon als Kammerherr aus der Hofkasse bezogenen 125 Thaler.

Die Eidesleistung des Freiherrn von Forell erfolgte am 21. Mai in des Kurfürsten Gegenwart nach vorher mittelst unterthänigsten Handkusses abgelegtem Handgelöbnisse. Seine Vorstellung an die Garde fand durch den ersten Hofmarschall von Schönberg statt.

Was die Jurisdiktionsverhältnisse in jenem Zeitpunkte betrifft, so stand zwar seit der Anstellung eines Auditeurs bei der Schweizer Garde, dem Schweizer-Hauptmann, gleich den andern von den landesherrlichen Befehlen unmittelbar dependirenden Kommandanten der eximirten Korps, die Gerichtsbarkeit über seine unterhabene Mannschaft zu[76]; allein die Verpflichtung der Schweizer-Offiziere verblieb nach wie vor dem Marschallamte, und als der Schweizer-Hauptmann Freiherr von Forell im Jahre 1771 das bereits von allen seinen Antecessoren vorgebrachte Anliegen, die Offiziere der Schweizer Garde selbst verpflichten zu dürfen, wiederholte, erhielt er zur Antwort: „Nachdem churfürstliche Durchlaucht die eingeführte Verfassung hierunter abzuändern um so weniger Veranlassung finden, als solche dem dero Schweizerhauptmann über gedachte Garde, unter unmittelbarer Dependenz von Dero Befehlen, anvertrauten Commando und Jurisdiction,

---

[76] Im Juli 1767 war vom Generalfeldmarschall Chevalier de Saxe begehrt worden, daß die Bestätigung eines Kurators für die Ehegattin des Premier-Lieutenants der Garde Obrist-Lieutenant du Brechet durch das Generalkriegsgericht erfolge, weil derselbe den Charakter eines Stabsoffiziers führe. Der Administrator Prinz Xaver hatte jedoch entschieden: der Kurator sei von dem Gerichte der Schweizer Garde zu bestätigen, indem letztere, gleich der Garde du Corps und der Leib-Grenadiergarde, nicht vom Generalfeldmarschalle, sondern unmittelbar vom Landesherrn dependire.

wie bishero, also auch fernerhin unnachtheilig sein und bleiben soll, So wollen churfürstliche Durchlaucht es bei sothanem alten Herkommen, nach welchem die Verpflichtung der neuernannten subalternen Schweizer-Offiziere bei dem Marschall-Amte, im Beisein des Schweizerhauptmanns, ihre Vorstellung bei der Schweizer Garde hingegen von letzterem allein vorgenommen wird, fernerweit bewenden lassen."

Der Schweizer-Hauptmann Freiherr von Forell, General-major seit dem 9. Februar 1784 und General-Lieutenant seit dem 24. Dezember 1794, erhielt am 4. Mai 1799 den Charakter als General der Infanterie [77]).

Am 9. August 1799 bat General von Forell den in Folge der herrschenden Theuerung sämmtlichen Truppentheilen zugestandenen Löhnungszuschuß auch der Schweizer Leib-Garde zu bewilligen und erreichte er mindestens so viel, daß gegen einen monatlichen Löhnungsabzug von $1\frac{1}{2}$ Thaler den Mannschaften täglich zwei Pfund Brod gereicht wurde.

Eine dem betreffenden Vertrage beigefügte Denkschrift gewährt einen Einblick in die bürgerlichen Verhältnisse der Schweizer.

Mehrere derselben besaßen das Bürgerrecht in Dresden, was sie befähigte, ihre Profession oder sonst eine bürgerliche Nahrung zu betreiben und auch die Uebrigen verschafften sich durch irgend ein Nebengewerbe ein Zuschuß zu ihrer Löhnung.

Bis zur Zeit des siebenjährigen Krieges hatten sich die Schweizer in einem gewissen Wohlstand befunden. Nach dem Krieg, während dessen Viele durch das Bombardement von 1760 und durch Einäscherung der Vorstädte ihre Häuser verloren, war jedoch den Schweizern die ihnen in ihrer bürgerlichen Stellung mannigfache Vortheile gewährende Hofschutzverwandtschaft entzogen worden [78]) und seitdem der größte Theil zur Dürftigkeit herabgesunken.

---

[77]) Im September 1803 wurde Freiherr von Forell unter Beibehalt der Schweizer-Hauptmanncharge, zum Erzieher der jungen Prinzen ernannt.

[78]) Von Alters her bereitete im Interesse der Innungen die städtische Behörde den Trabanten, nachmals Schweizern, Schwierigkeiten bei Ausübung ihrer Nebengewerbe.

So wurde bereits 1685 auf Antrag des Stadtrathes anbefohlen, daß die Trabanten, welche zugleich Dresdener Bürger seien, ihr Handwerk nicht zu stark treiben und keine Gesellen halten, die anderen aber sich mit dem begnügen sollten, was sie allenfalls mit ihrer Hand oder als Gesellen bei den Meistern verdienen könnten.

## II. Die Schweizer Leib-Garde.

Nur noch zwanzig Mann ungefähr verdienten etwas durch ihre Profession, während die Meisten sich darauf angewiesen sahen, als Gärtner und Hausmänner, durch kleinen Viktualienhandel oder ähnliche Beschäftigungen, wie der Verkehr in einer größeren Stadt sie bietet, die Mittel zu einem reichlicheren Auskommen aufzusuchen [79]).

Zu solchem Nebenverdienste kann ihnen übrigens kaum viel Zeit geblieben sein, indem anderweit der Schweizer-Hauptmann wegen des angestrengten Wachtdienstes berichtet: „Die aus 100 Mann Gemeinen bestehende und in 3 Rotten eingetheilte Schweizer Leib-Garde hat à l'ordinaire täglich 12 Posten zu besetzen, wozu mit der Ordonnanz 37 Mann erforderlich sind. Sonntags und Feiertags müssen noch 10 Mann mehr, als die Wache beträgt, zur Parade mit aufziehen. Sonntags, Mittwochs und an jedem Feiertage werden von den Freirotten 6 Mann zum Kirchendienste, bei Opern und Comödien des Abends 1 Rottmeister, 1 Tambour und 12 Mann zum Beidienst commandirt, und bei Hofbällen sind 40 Mann zur Ballwacht erforderlich.

Demnach ereignet es sich, namentlich während der Carnevalszeit, zum Oefteren, daß mehrmals in der Woche an einem Tage etliche 90 Mann von der Compagnie zum Wachtdienste, oder zum Beidienste gezogen werden müssen.

Da nun bei der Schweizer Leib-Garde keine Beurlaubung Statt findet und jeder Schweizer, welcher des Urlaubs bedarf, seinen Dienst von einem Andern gegen Bezahlung verrichten zu lassen schuldig ist [80]), die Kranken aber ohnehin zu übertragen sind, so hat die von der Wacht abgehende Rotte und in subsiduum die von der Wacht frei gewesene Rotte, die fehlende Mannschaft zu ersetzen. Es kann daher der Fall eintreten, daß der größte Theil der Compagnie mehrere Tage nach einander zum Wachtdienste, beziehendlich zum Beidienste erforderlich ist und im Ganzen genommen bleibt der Mannschaft kaum der dritte Tag zu ihrer Erholung übrig."

---

Nach dem Eintritte des russischen Gouvernements beschloß der General-Gouverneur, Fürst Repnin, die Auflösung der Schweizer Leib-Garde und trotzdem, daß der erste Hofmarschall, Freiherr

---

[79]) Als Spezialitäten des Nebenerwerbes finden sich unter anderen auch aufgeführt der Sandhandel und das Verfertigen von Vogelbauern.

[80]) Die Wache wurde in der Regel mit 8 Groschen täglich bezahlt.

von Racknitz sich auf das Wärmste für ihre Erhaltung verwendete, indem er anführte, daß die Bewachung des königlichen Schlosses bei dessen innerer baulicher Beschaffenheit so zuverlässige Leute, wie die Schweizer erfordere, denen alle Lokalitäten sowohl, als die ein= und auspassirenden Bewohner desselben genau bekannt seien, so erfolgte doch unter dem 1. April 1814 die Entlassung der Garde auf Grund des nachstehenden Reskripts:

„Das General-Gouvernement findet sich durch die gegenwärtig auf möglichste Ersparniß in allen Zweigen der Staats-Ausgaben zu nehmenden Rücksichten bewogen, die seither zur Bewachung des königlichen Schlosses nebst Zubehör bestimmt gewesene Schweizer Garde mit dem 1. künftigen Monats April gänzlich aufzulösen und wegen Besorgung ihrer Funktionen anderweite Veranstaltung treffen zu lassen.

Nachdem nun beschlossen worden ist, zu dem bei der Auf= lösung gedachter Garde erforderlichen Vorkehrungen den Ersten Hofmarschall, Freiherrn zu Racknitz, den General-Intendanten General-Major von Ryssel und den Stadt-Polizei-Präsidenten, Freiherrn von Rochow mit Auftrag zu versehen, so ergeht an Selbige hiermit Verordnung, kraft dieses sich solchem Auftrage sammt und sonders dergestalt zu unterziehen, daß der Erste Hofmarschall, Frei= herr zu Racknitz dem Schweizer Corps seine bevorstehende Auflösung, und daß die Auszahlung des gewöhnlichen Tractaments annoch für den laufenden Monat angeordnet sei, vom 1. künftigen Monats April an aber mit der Dienstleistung cessire, ankündige, auch für baldigste Fertigung eines genauen Nationale der Garde, in welchem gewöhnlicher Maßen Vaterland, Alter, Dienstzeit und die sonstigen Verhältnisse der einzelnen Gardisten anzugeben sind, Sorge trage und solches zuförderst an den General-Intendanten Generalmajor von Ryssel abgebe.

Letzterer hat sodann die bei gedachter Garde angestellten Unter= officiers und Gemeinen zu untersuchen und diejenigen, welche zum Militärdienste nach ihrem Gesundheitszustande tauglich, auch ihren häuslichen und sonstigen Verhältnissen nach dazu geeignet sein möchten, dazu zu enrolliren, von den Officiers aber eine Erklärung, ob sie bei der Linien-Armee oder der Landwehr auf eine ange= messene Art wieder angestellt zu werden wünschen, zu erfordern und in deren Verfolg nach vorgängiger weiterer behufigen Er= örterung deshalb besondere gutachtliche Anzeige erstatten, das Nationale der Gemeinen und Unterofficiers aber mit Bemerkung,

## II. Die Schweizer Leib-Garde.

welche von denselben zum Militärdienst enrollirt werden, an den Stadt-Polizei-Präsidenten, Freiherrn von Rochow zu übergeben.

Dieser wird sodann die übrigen nicht enrollirten Schweizer Gardisten untersuchen lassen, die darunter befindlichen Ausländer, insofern sie wegen der Dauer ihres wesentlichen Aufenthaltes allhier nicht den Gesetzen gemäß, als einheimisch zu betrachten und von ihnen zu befürchten steht, daß sie der Stadt zur Last fallen möchten, in ihr Vaterland verweisen, den Einheimischen hingegen, welche im Stande sind, sich durch ihr Gewerbe zu nähren, andeuten, daß sie ohne Erwartung einer Pension für ihr weiteres Fortkommen selbst zu sorgen hätten, diejenigen aber, welche wegen Alters oder sonst ihren Unterhalt zu erwerben außer Stande sein möchten, besonders aufzeichnen und wegen der ihnen nach Befinden zu reichenden Unterstützung bei Erstattung der Hauptanzeige unmaßgebliche Vorschläge eröffnen.

Uebrigens soll sämmtlichen Schweizern ihre gewöhnliche Uniform sammt Mantel als Eigenthum überlassen werden. Dagegen sind die Galla-Uniformen und Armaturen gehörigen Ortes aufzubewahren und die deshalb nöthigen Veranstaltungen vom Ersten Hofmarschall zu treffen.

Bei sämmtlichen obigen den einzelnen Commissarien ertheilten Aufträgen haben selbige, in so weit sie es für nothwendig finden, unter einander sich zu vernehmen, über den Erfolg aber baldigst gemeinschaftliche Anzeige zu erstatten.

Dresden, den 13. März 1814.

General-Gouverneur Fürst Repnin."

---

Nach der am 7. Juni 1815 erfolgten Rückkehr des Königs besetzte vor den königlichen Gemächern die Leib-Kürassier-Garde (das jetzige Garde-Reiter-Regiment) die Posten, welche zuvor die Garde du Corps inne gehabt hatte, und den von der Schweizer Leib-Garde bis zu ihrer Auflösung versehenen Wachtdienst im königlichen Schlosse übernahm das Garde-Bataillon des Leib-Grenadier-Regiments.